现代企业社会责任管理体系
构建研究

孙小涵　著

吉林人民出版社

图书在版编目（CIP）数据

现代企业社会责任管理体系构建研究 / 孙小涵著
. — 长春：吉林人民出版社, 2022.10
ISBN 978-7-206-19620-1

Ⅰ. ①现… Ⅱ. ①孙… Ⅲ. ①企业责任－社会责任－
研究 Ⅳ. ①F272-05

中国版本图书馆 CIP 数据核字(2022)第 236583 号

现代企业社会责任管理体系构建研究
XIANDAI QIYE SHEHUI ZEREN GUANLI TIXI GOUJIAN YANIU

著　　者：孙小涵
责任编辑：孙　一　　　　　　封面设计：牧野春晖
出版发行：吉林人民出版社(长春市人民大街 7548 号　邮政编码：130022)
印　　刷：北京市兴怀印刷厂
开　　本：710mm×1000mm　　　　1/16
印　　张：10.25　　　　　　　字　　数：210 千字
标准书号：ISBN 978-7-206-19620-1
版　　次：2023 年 3 月第 1 版　　　印　　次：2023 年 3 月第 1 次印刷
定　　价：79.00 元

前　　言

　　企业社会责任是在社会、经济的发展要求下应运而生的。近些年，随着社会和经济发展，人们对这一领域的关注度越来越高，因而它在学界、政府及民间的推动下，无论在理论研究上还是实践探索上都得到了迅速发展。

　　进入 21 世纪，经济全球化极大地推动了人类的发展，它将社会、经济和环境三者更加紧密地联系在一起，其彼此的影响也更加显著。企业的经营环境也发生了极大的变化，从单向的从环境和社会中攫取利润到现在的受到社会和环境的多元化影响。社会对企业的期望越来越高，人们不仅仅局限在企业能够提供质量合格的产品，而且还关注企业对社会的公平正义、自然环境保护等方面的问题。在两者的相互影响下，社会责任运动、可持续发展的呼声越来越高。在这样的背景下，如何构建企业社会责任管理体系就成为当前各方面关注的重点。

　　本书共分为八章。其中第一章对当前企业社会责任进行了总体论述，包括企业社会责任的内涵、理论演进、时代变迁；第二章对企业社会责任报告进行了研究，包括报告的内涵、必要性、编制、发布等；第三章对企业社会责任管理体系的构建进行了研究，包括国内外对企业社会责任体系建设的观点、我国经济社会发展对企业社会责任的特殊要求，建设有中国特色的企业社会责任体系，以及企业社会责任信息披露机制的构建；第四章对企业社会责任的管理模式进行了分析，包括企业社会责任管理的理念、管理模型以及管理模式的构成要素等；第五章论述了企业社会责任的实现机制，包括企业社会责任实现机制的参与主体、机制的建立以及机制构建的方法等；第六章对企业社会责任与产品质量管理进行了研究，包括企业应当承担的产品质量保证以及企业社会责任产品质量管理的要求等；第七章从可持续发展的角度论述了企业承担社会责任的重要性；第八章探讨了国内外企业社会责任的实践问题。

　　中国经济社会发展已进入新常态，企业社会责任管理体系的构建与完善，将会有利于促进结构调整，加快生态环境建设，实现包容、有序、协调、可持续发展。

　　本书在写作过程中参考了相关国内外专家学者的研究成果，在此表示诚挚的感谢！由于时间和精力的限制，本书可能会存在疏漏之处，恳请广大读者给予指正，以便使本书不断完善！

目　　录

第一章 企业社会责任概述

第一节 企业社会责任的内涵及作用

一、企业社会责任的内涵

（一）企业社会责任的基本内涵

1895 年，全球第一本社会学杂志——《美国社会学杂志》（AJS）的创刊号上刊登了美国社会学界的著名学者阿尔比恩·斯莫尔（Albion W.Smau）关于"不仅仅是公共办事处，私人企业也应该为公众所信任"的呼吁，标志着企业社会责任观念的萌芽。从 20 世纪 50 年代起，企业社会责任（Corporate Social Responsibility, CSR）概念就陆续出现了多种定义。直到目前，理论界对企业社会责任仍没有达成统一定义，至少有超过 250 种由国际组织制定的定义流行于社会。

从不同的角度，对企业社会责任有不同的理解，比较有代表性的有以下几种：世界银行（World Bank）把企业社会责任定义为"企业与关键利益相关者的关系、价值观、遵纪守法以及尊重人、社区和环境有关的政策和实践的集合，它是企业为改善利益相关者的生活质量而贡献于可持续发展的一种承诺"。欧盟（European Union）把社会责任定义为"企业在现有资源的基础上把社会和环境关系整合到它们的经营运作以及它们与其利益相关者的互动中"。世界可持续发展企业委员会（WBCSD）提出："企业社会责任是企业针对社会（包括股东和其他利益相关者）的合乎道德的行为。"国际标准化组织（ISO）指出，社会责任是"组织通过透明和道德行为，为其决策和活动对社会和环境的影响而承担的责任"。

此外，不同的学者对企业社会责任理解也不尽相同：诺贝尔经济学奖获得者、经济学家米尔顿·弗里德曼（Milton Friedman）于 1970 年在纽约《时代》（Times）上提出了著名的"企业社会责任"的定义。按照弗里德曼的观点，一个企业的社会责任是指"依照所有者或股东的期望管理企业事务，在遵守社会基本规则，即法律和道德规范的前提下创造尽可能多的利润"。博文（H.R.Bowen，1953）将企业的社会责任定义为"企业家按社会的目标和价值向相关政策靠拢，做出相应的决策，采取合理的具体行动的义务"。麦克格尔（Joseph W.Mc Guire，1963）认为，"企业社会责任的宗旨意味着企业不仅仅要有经济和法律义务，而且还对社会负有超过这些义务以外的某些责任"。后来戴维斯等（K.Davisetal，1975）认为："企业社会责任是指企业在谋求利益的同时，对维护和增加整个社会福利方面所承担的义务。"鲍尔（Raymond Bauer.1976）提出："企业社会责任是认真思考公司行为对社会的影响。"爱普斯坦（Edwin M.Epstein，1987）认为："企业社会责任就是要使企业决策的结果对利益相关者有利而不是有害的影响，企业行为的结果是否正当是企业社会责任关注的焦点。"罗宾斯（S.P.Robbins，1991）认为："企业社会责任是指企业超过法律和经济要求的、为谋求对社会有利的长远目标所承担的责任。"哈罗德·孔茨（K.Harold，1982）和海因茨·韦里克（W.Heinz，1982）认为："企业的社会责任就是认真地考虑企业的一举一动对社会的影响。"美国佐治亚大学教授卡罗尔等（A.B.Carroll et al，2000）认为，"企业社会责任是社会在一定时期对企业提出的经济、法律、道德和慈善期望"，他把企业社会责任分成四个纬度：经济责任（economical responsibility）、法律责任（legal responsibility）、伦理责任（ethical responsibility）和慈善责任（philanthropic responsibility）。

1999年，在瑞士达沃斯世界经济论坛（World Economic Forum）上，时任联合国秘书长安南提出了《全球协议》（Global Compact），并于2000年7月正式启动。根据《全球协议》，企业社会责任包括经济责任、文化责任、教育责任、环境责任等方面。企业的经济责任，主要是为社会创造财富，提供产品，改善生活条件；企业的文化、教育和环境责任，是为员工提供遵从人权的劳动环境，教育职工在行为上符合社会公德，符合环保要求的生产方式。

在社会大众眼里，企业社会责任是指企业除了最大限度地为股东盈利或挣钱之外，还应当最大限度地增进其他利益相关者的利益，包括员工、消费者、商务伙伴、社区、环境及社会整体等。在笔者看来，随着资本不断扩张，社会矛盾日益激烈，如社会动荡、两极分化、产品质量问题、劳资冲突等，企业社会责任的出现可有效地缓解这一系列矛盾。

随着人们价值观念、消费观念的改变，以及对可持续发展观的认同，西方社会掀起了一系列深入、广泛、持久的社会责任运动，包括消费者运动、劳工运动、环保运动、女权运动、社会责任投资运动和可持续发展运动等。如消费者运动方面，西方消费者普遍关心他们所购买的商品是否"清洁或干净"，他们以"拒绝购买"的方法来抵制生产企业；并关注他们购买的这些商品的制造过程和企业是否承担了社会责任。

（二）企业社会责任内涵的扩展

经历一个多世纪的发展，企业社会责任的内涵从一元到多元逐步扩大。在自由资本主义时期，制度的宗旨就是促进经济增长，政府对企业行为不加干预，企业利润增长带来国家经济增长。一元论的代表人物弗里德曼（Friedman，1986）就提出："企业仅具有一种而且只有一种社会责任——在法律和规章制度许可的范围之内，利用它的资源和从事旨在增加它的利润的活动。这就是说，从事公开和自由的竞争，而没有欺骗或虚假。"著名的管理学者德鲁克（P.F.Drucker，1988）也认为，"牟取利润是企业的社会责任，这个责任是绝对的，是不可放弃的"。多元的企业社会责任观点则强调，企业承担的社会责任还应包括：企业决心自愿捐助教育事业和其他慈善事业，尽管这会减少其利润；企业选择一个属于自己的经营道德标准，这个标准要高于法律和习俗所要求的最低水平；在具有各种机会的业务中，企业根据内涵的社会价值进行选择；为了经济报酬以外的理由（很显然仍与经济报酬有关）投资于企业内部员工生活质量的改善。

在19世纪末期至20世纪中期，企业社会责任的内涵从内部利益的增进扩展到外部利益的维护。尤其是全球化的加速推进，对企业社会责任的内涵变化产生了巨大的影响。到19世纪后30年代，以美国为代表的资本主义发达国家的大企业的兴起，导致垄断日益加剧，给资本主义世界的经济结构、社会结构带来深刻的影响。垄断的危害性、企业活动的外部性所造成的社会问题不断暴露，引起了社会各界的不满，大企业垄断不断加剧的趋势促使了反托拉斯法律体系的建立和政府加强对竞争秩序的规范，社会各界也对经济和社会发展方式予以反思。在法律的、行政的、经济的以及社会的多种约束和影响下，企业的社会责任理念得到推广，其具体内容也不断得到扩展。首先，全球化的不断加深，导致了经济社会发展的各种资源和信息在全球范围内更快地流动，各地区的经济发展方式、法规约束规则、伦理道德、社会文化等方面在碰撞和摩擦中逐步走向趋同化，法规等经济发展硬约束手段的功能逐步退化，伦理道德等经济发展的软约束手段功能得到不断加强，企业承担社会责任显得越来越重要。"澳大利亚普林斯顿大学的辛格教授（Singer，2004）在第三届"国际企业、经济学和伦理学学会"世界大会上发表了题为"一个世界"的开题演讲。他指出，随着世界变得愈益密切相关，伦理就愈益需要超越国界。伦理学并不要求我们服从绝对规则，而是要求我们考虑所有那些受到我们行为影响的人的利益。这里涉及许多与全球化有关的伦理问题，如环境问题、WTO 问题、富国对消除全球贫困的义务问题等。他的基本观点是，我们能否顺利地通过全球化时代，取决于我们如何伦理地考虑我们生活在"一个世界"这一观点。①其次，在经济全球化快速发展的前景下，竞争优势的资源也不断地发生着变化，企业生产经营中的成本、质量、供货期等要求已经成为企业生产经营中最基本的要求，而企业要在竞争中获得优势，必须在诸如速度、一致性、可靠性、敏捷性、创造性、多样性、安全性和商业道德等方面创新优势，而且这些方面越优越就越有竞争力，企业社会责任作为管理创新的重要内容，在企业追求竞争优势的过程中被不断挖掘和扩大。最后，全球化促进了跨国公司的快速发展，跨国公司走向全球，通过创造价值、培育并增加市场、缩减成本而提升利润。成本缩减通过在原材料、有技术的劳动力、土地和税收成本更低的地方选址设厂来实现。与拥有市场、全球化技能、经验和资源的其他国家和地区的合作伙伴联合投资也能增加价值。在经营业务走向全球化的同时，跨国公司也对全球各种生产要素进行高效整合，而在更有效利用这些资源的同时必然影响了这些资源的利益相关者的利益，承担起对这些利益相关者的社会责任是其不可推卸的义务，因此，企业社会责任运动在跨国公司整合世界资源的同时，对资源的利益相关者的利益保障起到了一定的作用。

刘继峰和吕家毅（2004）认为，"企业的经济责任，既是企业本性的外在反映，也是企业生存和发展的内在动力，它贯穿于企业存续的始终。不能将企业的经济责任无限放大，也不能以其他责任覆盖企业的经济责任，束缚住企业的手脚。这对经济体制转型中的企业尤其是国有企业具有重要意义。企业社会责任的四项内容（经济责任、法律责任、道德责任和自愿性慈善责任），是从四个角度认识企业行为的特质，其本质是平衡国家利益、社会利益和企业利益"。对于每一个特定利益相关方，企业相应承担着不同层次的责任，既要承担遵守法律义务和道德底线等责任，也应承担共赢责任。

二、企业社会责任的作用

党的十八大以来，中国特色社会主义进入了法的发展阶段，企业社会

---

① 陆晓禾. 承认自由空间，承担道德责任－第二届"国际企业、经济学和伦理学学会"世界大会述评[J]. 毛泽东邓小平理论研究. 2004（10）：6.

责任逐步纳入全面深化改革大局。党的十八届四中全会首次提出"加强企业社会责任立法",党的十八届五中全会进一步提出要"增强国家意识、法治意识、社会责任意识"。党的十九大报告强调,"强化社会责任意识、规则意识、奉献意识"。积极倡导企业承担社会责任,要求满足各利益相关者的多重诉求,以便在企业内部和外部构建和谐的关系网络。这种难以复制的"软环境"对于企业的生存和持续稳定发展具有积极的作用。这种积极的作用可以从宏观方面和微观方面来考察。

1.宏观方面

(1)企业承担社会责任有利于实现社会的可持续发展,促进社会进步。

在古典经济学理论中,利润最大化或股东利益最大化被视为企业的唯一目标。随着实践的深入和认识的深化,越来越多的企业认识到,企业应该努力使利润最大化服从于社会福利最大化,与利益相关者形成共生共赢关系,积极履行社会责任。比如,改善产品和服务品质,提高资源利用效率,注意保护生态环境,为员工提供更好的工作环境和福利,关注社会公益事业。通过企业重视和加强社会责任工作,最终实现企业和社会的可持续发展,促进社会进步。

(2)企业承担社会责任有利于赢得更多政府支持。

公众对政府在承担社会责任方面的角色期待有时会使政府陷入一种角色冲突之中,而企业的社会参与将会帮助政府摆脱困境,减轻政府来自社会公众方面的压力,如减少失业、缓解通胀压力、治理污染及投资于公益事业等。例如,众多企业积极履行社会责任,努力获得 SA 8000 国际认证,不仅可以吸引劳动力资源,而且可以激励他们创造更多的价值。从这个意义上说,企业履行社会责任有助于解决就业问题。作为奖励,政府在制定和实施政策上向企业倾斜,政府和企业之间形成良性互动,使企业的经济决策活动更具自由性和灵活性。

(3)企业承担社会责任能够更好地保护劳工利益。

社会责任运动无疑会有助于促进和保护劳工的基本权利。从整个世界的发展来看,企业的经济力量只会越来越强,社会财富越来越向企业集中,单一或少数劳动者根本无法与之对抗。因此,企业往往会为了自身的利益而损害劳动者的利益,向残酷资本家倾斜。强调企业承担社会责任,完善公司立法,规制公司行为,从外部性压力和内部性动力双向保护劳工权益,便显得特别重要。

（4）企业承担社会责任有利于环境和资源的保护。

企业与自然的关系，本质上是人与自然的关系。作为对环境的直接影响者，企业在从投入到产出的整个生产经营过程中，有责任使任何形式的污染减少到最低限度，直到消除污染。作为改造者，企业有责任治理、消除自身造成的污染，有责任美化生产经营环境，有责任结合自身生产经营特点就环保问题开发新产品，如资源节约型产品、稀有资源替代型产品、污染治理型产品等。企业有责任结合自身经营活动参与社会环保公益事业。由于企业生产污染所造成的生态环境恶化已经严重威胁人类生存与发展，保护生态环境、处理好人与自然的关系是人类面临的难题，更是企业义不容辞的责任。

2. 微观方面

（1）提高企业声誉，增强企业的核心竞争力。根据学者福伯恩和闰多瓦（Fombmn&Rindova，1996）所下的定义，"企业声誉是企业过去一切行为及结果的综合体现，这些行为及结果反映了企业向各类利益相关者提供有价值的产出的能力。企业声誉可用来衡量一个企业在与内部员工及外部利益相关者的关系中所处的相对地位，以及企业的竞争环境和制度环境"。企业承担社会责任，履行包括经济、法律、道德、环境和社会等方面的责任，首先可以为企业所在地区增加福利；反过来，社区发展进一步提高企业的运作能力和企业声誉。企业通过与其他群体和组织、地方团体、社会和政府部门进行密切合作来提高诚信水平，这样才能提升企业的业绩，形成企业的核心竞争力。市场经济之下，企业之间的竞争除了客户、产品、人才外，更要注意信誉的竞争。企业的道德责任是企业的无形资产，关系着企业价值的有效提升。现代社会舆论发挥的监督作用很大，企业一旦做出违背诚信原则的行为，就会陷入信誉危机，导致市场要缩。有远见的企业必定会非常注重企业信誉，恪守诚信，积极履行社会责任。相反，一些 w 唯利是图的企业有可能不惜牺牲长远利益，逃避社会责任。

（2）降低监管力度和市场壁垒，提升企业形象。在美国，国家和州级环境监管部门都有正式的规划，对积极采取措施，减少对环境、健康和安全影响的企业给予认可和奖励，这些企业面临的检查和程序性工作都会减少，在向政府提出申请检查时甚至能获得一些优惠。美国联邦判决指导方针规定，如果能证明企业将社会责任落到实处并且实行了有效的道德规范计划，针对它的处罚和罚款就会减少甚至完全取消。重视履行企业社会责任的企业能够在与同类别企业的竞争中占据优势，更容易进入跨国公司的供应链中。

（3）提高企业经营绩效。企业承担社会责任尽管对短期经营绩效产生了一定的负面影响，但从长期看可能会产生正面效应。企业承担员工责任，提高员工待遇，改善工作环境，员工流失率降低，培训投入大大减少，最终可以为公司节省开支，降低长期成本。明确的社会责任政策，如行为守则可以提高企业对企业责任的认识，对于员工、投资者和消费者都有重要的指示作用。有工作热情的员工会使产品的质量提高，次品数量减少，从而提高了生产效率，提升了产品质量。

企业承担社会责任和企业的经济效益成正相关关系，即企业承担社会责任会促进企业经济效益的提升。对此，斯蒂芬·P.罗宾斯（Stephen P.Robbins，2004）研究的结论是："承担社会责任的企业趋向于取得更稳固的长期利润"，"多数研究表明社会参与和经济绩效之间是正相关的。"克雷默和波特认为竞争力的微观因素（企业的竞争战略和能力与企业运营于其中的微观环境）及其相互作用能解释国家间人均国内生产总值增长的80%的变异。

福特汽车公司（Ford）的理想是："让更多的人买得起车，能够享受用车的乐趣；让更多的人就业，得到不错的工资。"正是在这样的社会责任理念指导之下，福特公司雇员的工资曾经高出同行两倍；在市场供不应求的情况下，福特公司竟然削价出售 T 型汽车。最终，福特公司的目标被员工所认同，品牌被社会所信赖，产品被顾客所喜爱，利益得到实现。相反，单纯追求经济利润的企业家只会产生投机心理，注意短期行为，企业不可能持续地得到发展。企业承担社会责任的支出虽然会增加企业的经营成本，但是经过一定阶段的发展，企业会因为之前的责任投资而获得丰硕的利润回报。

第二节　企业社会责任的理论演进

一、西方企业社会责任理论起源

企业社会责任理论起源于西方，比较有影响的研究者有 19 世纪英国的罗伯特·欧文（Robert Owen）和美国的亨利·甘特（HenryL.Gantt），他们从企业家角度阐述了相关思想。1920 年，德国学者从企业层面提出了"企业自体思想"，并让这一思想赋予企业公共性。其含义为：将企业从其法律根基的社员中分离出来，将其把握为独立的存在；离开社员每个人的利害关系，从国民经济的立场上保护并维持企业，并赋予与此相应的责任。随后，美国的一些学者也提出，企业是既有营利功能也有社会功能的经济组织，企业必须有社会责任感。并将此思想融入美国的公司法。20 世纪 50 年代，美国人霍华德·博文（H.R.Bowen，1953）正式提出企业社会责任这一概念并将其概括为"商人们在追求利润、制定决策或遵循法律条文时以我们所处的社会目标与价值为前提的义务"。今天学术界已对企业社会责任的内涵基本达成了共识，认为企业的社会责任是指企业在赚取利润的同时应主动承担对环境、社会和利益相关者的责任。研究企业社会责任的真正目的在于探讨企业在发展其企业自身利益的同时，如何促进公共利益的提高，以寻求企业与社会的可持续发展之路。

乔治·斯蒂纳和约翰·斯蒂纳（George A.Steiner&John F.Steiner，2002）认为，就传统经济理论而言，企业如果尽可能高效率地使用资源以提供社会需要的产品和服务，并以消费者愿意支付的价格销售它们，企业就尽到了自己的社会责任。虽然这一来源于古典主义经济学的企业行为标准的假设在亚当·斯密之后 200 多年的时间里依然屹立不倒，但从来就没有在企业的实践中被无条件地实行过。就连亚当·斯密自己也承认，由于社会的原因，这一标准肯定会有无数的例外（Adam Smith）。事实上，这些"例外"在现实之中往往就衍生成了企业不得不考虑其应承担的社会责任。

二、早期企业社会责任观

18 世纪中后期英国第一次工业革命后，学者关于企业社会责任的争论得到了充分的发展，但真正的企业社会责任观还未出现，实践也仅局限于业主个人的道德行为。18 世纪末期以后，企业的社会责任观就已经开始发生了一些微妙的变化。那时西方企业的规模普遍都还很小，企业家们行为节俭。但与此同时，也有一些小企业的业主们经常捐助学校、教堂和穷人。随着企业财富的积累，企业的社会活动开始持续增加。进入 19 世纪以后，两次工业革命的成果带来了生产力的飞跃，随之企业的数量和规模都有较大程度的发展，这个时期企业普遍认为应最大限度地创造利润，这种理念随着工业的大力发展产生了许多社会问题。

在整个 19 世纪中，企业家的慈善活动频繁，但都是个人行为。当时西方国家的法律在企业管理者如何使用企业的资金上也有明确的规定，认为企业没有权力去做其业务范围之外的事，否则，就是"过度活跃"了。企业家可以支配个人财富来"行善事"，但企业是不能承担其他社会责任的，否则容易遭受股东的诉讼。虽然企业在其所在的城镇里建立学校和教堂会被允许，但类似的企业行为是有限制的。

综上所述，早期的企业社会责任观是消极的，企业与其利益相关者之间还始终保持着一种赤裸裸的市场竞争关系，企业不需要过多考虑他们的诉求和期望，仅有的一些慈善活动，也是出自企业家个人的怜悯之心。

三、近现代企业社会责任观

19 世纪末 20 世纪初，随着企业力量的不断壮大，以及工业发展对社会负面影响的日益暴露，社会对企业的关注上升到新的高度。人们开始探讨企业在追求自身经济利益最大化以外，是否还要承担其他带有一定公共性质的社会责任。

20 世纪 20 年代，美国出现的三种新观点有力地推动了企业社会责任的发展。第一是受托人观点，即管理者是受托人，企业赋予他们相应的权力和地位，不仅要满足股东的利益，而且要满足顾客、雇员和社会的需要；第二是利益平衡观点，即管理者有义务平衡各种集团之间的利益；第三是服务观点，即企业和管理者有义务承担社会项目，去造福或服务于公众。这些观点首先获得一些企业领导人的青睐，他们在企业管理过程中实践了大量社会责任活动。

罗伯特·伍德（Robert E.Wood）是该时期一位全面关注利益相关者利益要求的先行者。在西尔斯·罗巴克（Sears Roebuck）公司 1936 年的年度报告中，他写道："在最近一段社会经济和政治价值观发生改变的时期，提交一份管理层职位与职责的报告，不仅仅要从财务的角度来报告，而且考虑更要为一般性的广泛的社会责任，这些社会责任虽不能用数字予以说明，但非常重要。这样的做法是值得提倡的。"伍德制定了一套方法，详细说明了企业应该如何向其主要的利益相关者——顾客、公众、雇员、供应商以及股东履行责任。在许多伍德这样的先行者的带领下，西方企业普遍已经不再对其社会责任抱着冷漠的态度，它们开始承担社会责任。

20 世纪 80 年代以后，企业承担的社会责任范围不断扩大，有的企业甚至开始实施大范围的社会行动，涉及教育、公共健康、就业福利、住房、社区改造、环境保护、双职工家庭的婴儿护理中心等，涌现出了一批积极承担社会责任、主动关注利益相关者利益诉求、社会声望很高的企业。

到了 20 世纪 90 年代以后，衡量一个企业经营活动优劣的指标也从早期单纯的经济指标发展为综合性的"企业社会绩效指标",即判断一个企业的经营效果不仅要看它的经济绩效,也不仅仅看它是否接受社会责任这一观念,而是看它在主动寻求社会需求、实施具体项目以帮助实现这些需求过程中的表现。

在这种积极的企业社会责任观的指引下,企业越来越重视利益相关者的要求,市场关系趋于和谐。

四、各国企业承担社会责任的差异

从历史发展看,企业社会责任观念是在与传统经济观念相对抗的过程中缓慢发展起来的。由于历史文化差异和社会制度的不同,各国企业所承担的具体社会责任也不相同。

在美国,公司社会责任观念一直都比较盛行,随着社会经济的发展,该观念已深入人心,公司的所有利益相关者对公司社会责任都有较为深刻和全面的认识。根据一项社会调查显示,有一半以上的顾客愿意购买有着公正劳动环境的公司生产的产品,并且对于公正劳动下生产的产品,消费者愿意支付高于产品在不公正劳动下生产所销售的价格。在投资者方面,越来越多的投资者看好那些积极履行社会责任的公司,这主要表现在企业社会责任型投资基金的高速发展,且"社会责任型投资"衍生基金的成长率超过总体基金成长率。此外,美国许多公司通过制定成文的行动宪章或类似的道德守则来规范企业所有工作人员的行为,这些行动宪章或类似道德守则中会明确标明每个员工在日常采购、生产、经营业务等活动中应当遵守的条例,这些条例成为每个员工行为绩效的评价依据和标准。

在欧洲国家,企业社会责任基本上倾向于劳动问题——工资、工作条件、就业安全等。按社会传统看,企业资本家是剥削工人的,工人需要政府的保护。在法国,企业必须按照工资总额的一定比例支付工人的教育费用。1977 年,法国国会要求大企业每年向政府提交一份年度社会报告,内容主要集中于劳资关系。另外,社会团体、政府为减少社会问题承担了大量的责任。依照惯例,这些政府使用大量的税收资助影响深远的社会项目,某些国家将企业国有化,并试图通过国有企业来达到社会目标。

许多亚洲企业认为,欧洲和美国企业用 200 年的时间在几乎没有挑战的情况下建立了竞争优势地位,而亚洲企业正处发展期,实行企业社会责任会阻碍亚洲企业发展。在发展中国家,一些人认为,发展中国家正处于工业化初期的发展阶段,经济发展水平还没有达到发达国家 20 世纪 90 年代水平，因此在现阶段企业承担企业社会责任并不公平。

第三节　我国企业社会责任的变迁

我国企业社会责任的演变与我国企业的成长密切相关，我国企业经历了从计划经济到市场经济的转型，企业形式也经历了从公有制到混合制的改革。随着现代企业制度的建立，企业的角色逐渐明晰，企业社会责任的范围也得以确认。我国成功加入 WTO 以后，我国企业进入到国际竞争的领域，企业社会责任的范围进一步延伸，劳工关怀、企业绩效、市场责任等逐步进入人们的视野，西方企业社会责任理念更是洗礼了我国的理论界和实务界。

一、非经济性责任时代

在计划经济时代（1949－1978 年），虽然我国有很多大型生产性组织——国有企业，但是企业生产什么、生产多少和怎样生产则完全按照国家计划和行政指令进行，企业没有自主权。所以这时期的企业不是真正意义上的企业，而表现为政府的附属物，这时的企业又叫作工厂，工厂注资人是政府，如何运作完全听从政府指令，工厂只重视年初的预算和年终的决算，工厂的成本和盈利都只是行政含义，这时的工厂对职工是负全责的。

这一阶段，中国企业在一个高度集中、全面封闭的体系内运行，企业不仅负担起生产的任务，更肩负着对劳动者的一切生活保障，企业存在只是服从于社会主义生产目的——满足人们日益增长的物质和文化生活需要——形成了典型的"企业办社会"和"企业就是社会"的现象，企业没有自主经营权，其结果就是企业社会责任问题没有研究基础。经济责任几乎不被计划经济时代的中国企业所考虑，而环境责任等在这个年代也很少被提及。

二、经济性责任时代

改革开放以后，从 1978 年到 1995 年，在市场经济条件下，国有企业开始改革，政企分开使国有企业建立了现代企业制度，私营企业、合资企业等蓬勃发展，企业的资本结构逐渐实现了多元化。市场经济环境下的企业充分体验到竞争的利弊。利润最大化是企业的追求，因为没有利润就没有投资和人才，这时千方百计地降低成本是企业管理的重点和关键。

这一阶段，中国企业处于起步阶段，企业追求的是暂时的生存而不是长期的发展，无论当时的宏观环境、市场秩序还是企业家素质，都使得企业表现出较强的短期性和脆弱性。这一时期的企业只注重股东责任，忽视甚至逃避政府责任、社会责任和环境责任等。

三、社会责任整合时代

经过十几年的经济体制改革，从 1995 年至今，我国虽然取得了一些成就：国内市场经济秩序日趋完善、在国际市场上有较强的竞争力，但是在与国际市场接轨的过程中，我国企业和著名的跨国公司存在一定差距，开始意识到建设现代企业社会责任的重要性。

在这个时期，政府开始积极倡导社会责任。2001 年，我国政府颁布了《经济、社会与文化权利国际公约》。2002 年，《中华人民共和国安全生产法》开始生效。2008 年，原国资委研究制定了《关于中央企业履行社会责任的指导意见》，推动中央企业认真履行好社会责任，实现企业与社会、环境的全面协调和可持续发展。2011 年，中央政府以及地方政府开始采取有效措施，确保社会责任建设在全国的稳步、有序开展。2013 年，《中共中央关于全面深化改革若干重大问题的决定》指出，国有企业需要进一步深化改革，"承担社会责任"与规范经营决策、资产保值增值、公平参与竞争、提高企业效率、增强企业活力成为六大重点改革。这是"社会责任"首次出现在中央文件中，而且将其提到深化国有企业改革、完善国有企业现代企业制度的战略高度和深度，具有里程碑意义，对于国有企业社会责任工作将有一个极大的推动并带来极大的发展。但是由于种种原因，中国企业的社会责任观从这一时期开始产生混乱。"三鹿"事件使得公众开始全面审视中国的企业社会责任发展状况，越来越多违背社会责任的企业行为浮出水面。

从现状上看，企业纷纷响应政府号召，积极履行企业社会责任的承诺与实践。但从整体上看，还是有少数企业对社会责任的认识和实践不足，我国企业与国际企业还存在着较大的差距。总的来说，经过这一阶段的社会责任整合，我国企业将对企业社会责任达成共识，逐渐与国际水平接轨。

第二章 企业社会责任报告管理

第一节 企业社会责任报告

一、企业社会责任报告概述

（一）企业社会责任报告定义

企业社会责任报告是企业将履行社会责任的理念、目标、内容、方法等有效结合并对外披露的媒介，是企业是否履行企业社会责任的一种声明和方法，同时也是企业利益相关与企业之间进行有效沟通的重要媒介，其性质不等同于企业年度财务会计报告，属于非财务会计报告的一种。企业因目的不同对是否履行社会责任的声明可有多种方法。从时间和频率上看，可分为定期声明、适时声明和紧急声明三种。

1. **定期声明**

按照预先策划的安排，企业可以采用建立行为守则、原则、宣言、价值观的方法，及通过发布《企业社会责任报告》等手段来定期声明企业的社会责任履责情况。其中，以年度为单位定期编制取得《企业社会责任报告》并及时对外提供成为了企业最重要的活动。在对外提供《企业社会责任报告》前，企业都会经过自我评价程序，有些企业也会聘请第三方评价机构对企业社会责任报告的内容进行评估，以确保报告的相关性、客观性、及时性、可靠性及可信性。

2. **适时声明**

在企业正常经营中，企业可能会发生经营活动、产品或服务等单方面或是多方面的变化，这样的变化无论是对企业的利益相关方，还是对社会责任方面，都会产生一定的影响，甚至是，可能会产生一些不符合利益相关方期望和利益的因素。在这种情况下，对于企业来说，就可以通过适时声明的形式，来对外发布企业在履行社会责任中的宗旨、担责声明等方面的内容。

3. 紧急声明

在某些特殊情况下，如紧急事件、突发事故的发生，企业的经营活动受到了严峻的考验时，事件的影响（往往是负面影响）可能会造成企业与其利益相关者以及社会责任之间的利益相冲突。此时，企业有权利也有义务发布紧急声明来表明愿意担责及补救的态度。

（二）企业社会责任报告的产生

长期以来，利润最大化是企业共同追求的目标，现在看来这种狭隘的目标在推动社会经济快速发展的同时，也产生了各种各样的社会问题，如生态破坏、环境污染、职工权益受损、消费者的权益遭到侵害、社会贫富差距加大等等，对社会的可持续发展产生了严重的影响，企业履行社会责任的问题也由此受到公众及政府的广泛关注。公众认为，企业应当将经营目标、利益相关者利益与社会可持续发展目标统一起来，在创造利润的同时对利益相关者和社会承担责任，共同努力为实现人类社会的可持续发展做出贡献；政府认为，企业在决策和实施商业活动的经济属性时，应当兼顾作为"企业公民"的社会属性，关注经营活动的社会成本影响，关注商业行为的市场公平和社会道德影响，积极履行"企业公民"义务，弥补市场机制和制度管制的不足。在这种背景下，公众和政府希望企业积极履行社会责任，更需要企业向公众和政府披露其履行社会责任的表现以及对可持续发展的影响信息，由此企业社会责任报告便应运而生，它的出现推动了企业从微观利益目标向宏观利益目标的转移，使得企业在实现自身发展的同时，也能最大限度地满足社会发展的需要。

全球经济一体化发展是 21 世纪世界经济发展的大趋势，人类社会的可持续发展是国际社会共同关注的目标，企业履行社会责任也已成为全球共同关注的问题。希望越来越多的企业发布社会责任报告，披露企业的经营活动所带来的经济、社会和环境影响以及阐述企业的可持续发展规划等，也成为国际社会对企业行为的原则性要求。企业社会责任报告作为企业与社会及利益相关者的沟通平台，是企业履行社会责任的综合反映，它推动了企业不断改进、创新和发展经营思想，是企业自身意识的提高，也是社会发展的需要，更是促进企业与社会和谐发展的基础。

（三）企业社会责任报告的发展

社会责任报告起源于社会和利益相关者对企业承担必要社会责任的要

求，并期望借此对企业责任行为做出评估，以加强对企业社会责任实践的监督。同时，企业自身也意识到承担社会责任的重要性，也希望借此向社会和利益相关者表明履行社会责任的态度、策略、表现和绩效贡献等信息，于是就有了各界探讨企业社会责任信息披露报告的内容和规范的争论。

　　总体来讲，从 20 世纪 70 年代起，企业社会责任报告发展经历了"雇员报告——环境报告——环境健康安全报告——综合性社会责任报告"的演变过程，如表 2-1 所示。

表 2-1　企业社会责任报告的产生和演变力

产生时间	雇员报告	环境报告	环境健康安全报告	综合性社会责任报告
	20 世纪 70 年代	20 世纪 90 年代初	20 世纪 90 年代末	21 世纪初
产生背景	①对经济与社会的关系的反思②企业与雇员的矛盾激化，各种维权组织成立③为劳工权益立法	①公众对企业环境信息的关注②政府立法对企业环境报告提出要求③重大负面环境事件的推动④自身意识增强	①公众的期望②企业需要对外披露的信息增多③政府的相关立法	①可持续发展观深入人心②政府对企业全面披露社会责任信息的要求提高③公众对企业社会责任信息全面关注
主要内容	执行雇员权利法律的状况，本年度维护雇员权益的重要事件，如涉及雇员权益的经营战略、行为以及公司收益分配情况等。	环境战略、环境管理、企业活动对环境的影响、环境管理绩效和企业活动相关的环境信息。	涵盖环境报告的内容，并增加了雇员的健康保障情况、工作场所的安全情况等。	企业价值观、公司治理、环境健康与安全、雇员责任、资源使用、产品服务与用户、供应商关系管理、社区和社会公益事业参与等。
影响作用	报告对象是雇员，未成为主流，但它是企业社会责任报告产生的重要萌芽。	有利于树立企业正面形象、加强利益相关者对企业环境绩效监督、促进企业增强环保意识和环境管理水平。	使公众了解到企业更多的社会责任信息；为企业社会责任报告的产生奠定了基础。	在经济利益和社会效益之间寻求了平衡；为社会可持续发展做出了贡献；增强了企业的核心竞争力；提升了企业的信任度。

　　由表 2-1 可以看出，企业社会责任报告（或可持续发展报告）的产生并非偶然，它是在经济快速发展、社会问题凸显、企业的经营活动与社会

环境的矛盾激化等背景下产生的，并由最初的萌芽——雇员报告，不断丰富完善，最终形成了全世界企业共同参与、关注表现和贡献的综合性企业社会责任报告。

（四）发布企业社会责任报告的必要性

随着经济全球化、社会多元化的不断拓展以及企业自身规模的扩大，人们越来越关注企业对社会的影响。企业的社会问责制与透明度在与企业利益相关者的关注下得到了重视。同时，企业由于相关利益者要求的压力，也开始重视自己的社会行为，以利益相关者的利益为核心，履行社会责任。企业为了能提升企业的社会影响力，加强了与利益相关方和社会的沟通，希望采取一定的措施向社会公众披露自己已经取得的成绩，获得更多的支持，从而促进企业可持续发展。对外提供企业社会责任报告成为了企业可持续发展的必由之路。企业社会责任报告的评价意义重大，其必要性体现在以下六点。

1. 发布企业社会责任报告已成为国际社会经济主流

定期对外提供社会责任报告，主动与利益相关方就有关信息进行交流和沟通，已经成为经济全球化大背景下重要的商业准则。在多重力量（如政府监管、资本市场、行业协会监督等）的共同促进下，中国的企业社会责任报告也从多角度（编制、评价、发布等）取得了跨越式的发展，中国已经成为全球发布企业社会责任报告的重要力量。

2. 政府政策的推动

进入 21 世纪以来，中国政府开始逐步鼓励并要求企业对外提供社会责任报告，推动了社会责任的发展，也为构建有中国特色企业社会责任报告体系打下了良好的基础。2007 年 5 月 9 日，深圳市人民政府发布《中共深圳市委深圳市人民政府关于进一步推进企业履行社会责任的意见》，该文件明确将"政府引导、社会参与"列为三大基本原则之一，提出"鼓励企业向社会发布企业社会责任报告"等倡议举措；同年 7 月，上海市浦东新区发布《浦东新区推进建立企业社会责任提议三年行动纲要（2007~2009）》，明确设立了"浦东新区推进建立企业社会责任"的工作目标，并预期到规划期末，浦东新区内至少要有 300 家企业要及时对外提供社会责任报告；国资委发布《关于中央企业履行社会责任的指导意见》的文件中明确指出，我们要鼓励国有企业接受社会公众的监督检查，定期向社会公众公开、及时、有效地发布企业社会责任的报告。

3．帮助利益相关方做出正确的决策

受到来自全球企业社会责任的影响，中国企业开始重视企业社会责任报告的发布，展示自己在社会责任履行中所做的贡献与取得的成就，体现企业的社会责任心，提高自己的影响力。一些具有前瞻眼光的企业，更是把企业社会责任报告从一种公关手段转向企业核心的商业价值与战略，把企业社会责任报告作为建设、维持和不断完善利益相关方参与的工具，向利益相关方传递出重要的信息，帮助利益相关方做出正确的决策。对投资者而言，企业社会责任报告可以把有效的投资信息反馈给投资者，帮助投资者做出正确的决策；对资本市场而言，企业社会责任报告可以帮助资本流向更优的企业；对企业职员而言，可以为其判断自身去留问题提供重要的参考依据；对消费者而言，获得了更多产品和服务的信息，使其在产品和服务中做出正确的选择。

4．促进企业合法性要求

中国为了促进企业社会责任的发展，满足企业社会责任的社会需求，在很多政府部门以及研究机构都提出了企业社会责任披露的标准与要求。相关监管部门也依据行业制定出相关标准从而准确地对企业所发布的社会责任报告进行科学、有效的评价。从企业角度分析，越来越多的企业为了能保证社会责任信息披露的顺利进行，也开始发布高质量的社会责任报告，对企业自身的情况、标准的符合程度及期望作出规范及声明。正是由于全社会成员"齐抓共管"才使得企业社会责任报告得到了越来越多的重视与发展。

二、企业社会责任报告指南

（一）企业社会责任报告分类

20 世纪 90 年代国外的全球报告非常简单，报告内容主要是关于环境问题。企业社会责任报告作为 21 世纪开始出现的报告形式，经过 20 多年的发展，演变成超越环境包括了更广泛范围的社会问题（如伦理和人权等），如今已经发展到主要的"企业责任"报告与"可持续发展"报告类型，共同构成了约 80%的份额。这两种类型的报告涵盖了广泛范围的社会和环境问题，并且社会责任报告的发展具有超越可持续发展报告形式的趋势，具

有更广泛的内涵和外延。

2011 年中国企业有接近 80%的报告名称表述为"社会责任报告"或"企业社会责任报告"。2012 年，随着报告数量继续扩大，这一比例有所下降，但仍保持在 75%左右，主要由于可持续发展报告比例增大所致，这与全球报告组织 GRI《可持续发展报告指南》在中国的发展有关。从整体来看，社会责任报告已作为中国公司发布的企业社会责任报告主要类型，这主要归因于企业社会责任理论在中国的快速发展。另外，一些跨国经营的公司为强调与国际社会的可持续性发展理念和期望的一致性，主要使用了可持续发展报告这一类型。不管是企业社会责任报告还是可持续发展报告，公众已经普遍接受了这两种名称，并且认为均是同一类报告。

（二）企业社会责任报告指南的种类

企业社会责任报告兴起之后，并没有明确形成一个标准来规范其内容和形式，不同的行业和企业采取不同的形式和方法来编制企业社会责任报告，报告的种类或性质取决于报告中所涉及的议题类型、利益相关者的范围和发布报告者的目标等。于是企业社会责任报告便具有多样性和复杂性特征，或者只适用于不同类型企业，但这种多样性却为读者阅读和企业间的比较带来了不便，也会使得报告编制者很难把握如何满足社会与公众的需要。

对于企业的财务报告而言，需要报告的类型、内容、时效性和可靠性以及收集、计量、分析和披露都具有明确的规范，虽然不同国家或地区对企业财务报告有各自的规定，但共同规范和第三方审计都能使报告具有可比性和可信性。因此，公众更加期望企业社会责任报告能像财务报告一样，有一个能被广泛接受的报告规范和管理规范以使企业的各种社会责任活动以令人信服的方式来披露和得到证实。

在这样的背景下，一些描述、度量和评估的方法逐渐被学术界开发出来。为更客观地衡量和比较企业社会责任报告，国际组织和一些国家相继形成了各种适用于企业社会责任报告的实施指南和审验标准。综合来讲，主要形成了以下几种类型的指导企业社会责任报告编写指南：

（1）行业性的企业社会责任报告指南，如《中国纺织服装企业社会责任报告纲要》；

（2）区域性的企业社会责任报告指南，如《中国企业社会责任报告编写指南》（CASS-CSR 1.0）；

（3）全球性的企业社会责任报告指南，GRI《可持续发展报告指南》（G3、G4、G5）等。

2008年6月，中国纺织工业协会发布了《中国纺织服装企业社会责任报告纲要（CSR-GATEs：2008）》，这是国内第一套关于企业社会责任报告的指标及规范体系，也是我国第一个行业性的关于社会责任绩效披露制度的指导性文件。2009年12月由中国社会科学院经济学部企业社会责任研究中心研发、WTO经济导刊与企业公民工作委员会支持编制的《中国企业社会责任报告编写指南》（CASS-CSR 1.0）成为我国企业社会责任理论研究的一项重大成果，是我国企业社会责任发展的里程碑，它标志着我国企业社会责任进入了理念与管理实践全面融合的新阶段。《CASS-CSR 1.0》提出了我国企业社会责任报告的编制原则、逻辑架构和内容体系，对规范我国企业社会责任报告编制、推动我国企业履行社会责任产生了积极的影响作用；2000年GRI首次发布了第一版《可持续发展报告指南》，到现在已经修改到第五版（简称"G5"），这是国际公认的企业社会责任报告指南，至今已被翻译成包括汉语在内的十种语言版本。

（三）报告指南的作用

企业社会责任报告是企业经营活动与利益相关者和社会的责任关系的沟通与表达，是企业履行社会责任的内容和方式的综合反映。企业社会责任报告指南对指导利益相关者系统了解企业社会责任履行情况，以及指导企业准确把握实施社会责任的行为和绩效表达，都将发挥重要的作用。可以理解为是对社会责任各方（企业、利益相关者以及社会）的沟通指南。

1. 对于利益相关者的作用

（1）提高利益相关者的解读准确性。

报告指南不仅能够明确反映信息所代表的责任内涵、度量标准，也能帮助利益相关者准确把握信息的真实性，提高利益相关者解读的准确性。

（2）提高利益相关者的沟通效率。

随着企业社会责任报告发布数量的提升，利益相关者面对的报告信息也越来越多。不同的利益相关者只会对自身了解的内容有所把握，对不熟悉的信息则很难把握。面对企业社会责任报告中的大量信息，如果有报告指南的帮助，利益相关者便能够快速了解到信息所反映的责任内涵，以提高利益相关者的阅读效率。

（3）提高报告的可比性。

当利益相关者需要了解企业社会责任履行的持续表现以及其在行业内或区域内的具体情况时，统一框架和表达形式下的企业社会责任报告能够有效地实现这种预期。而报告指南则是实现这种统一的框架和表达形式的基础。

2. 对于企业和报告编写者的作用

（1）为企业提供一个编写报告的入门指导。

对于需要发布企业社会责任报告的企业，首先需要了解和学习如何编制一份能够满足利益相关者需求和期望的报告，同时也需要通过阅读和学习其他企业的企业社会责任报告来把握报告编制的技巧，另外还需要就本企业编制的企业社会责任报告水平、标准与其他企业进行比较和评价。标准的报告指南是企业学习、参考企业社会责任报告和评价自身的重要工具和手段。

（2）缩短报告编制时间，降低编写报告的成本。

企业自我设计和编制企业社会责任报告需要投入一定的物力、人力和财力。因此，统一标准的报告指南，不仅可供大多数企业参照使用，也能够降低设计和编制成本。

（3）有利于企业社会责任持续改进和发展。

企业社会责任报告明确指出企业履行社会责任的途径和评价准则，同时也表达了社会和公众所期望的发展方向。企业社会责任报告需要不断改进和发展，以适应社会发展和公众预期的变化趋势，只有持续不断地履行和改进社会责任活动，才能快速提高社会责任管理水平，从而满足社会和公众的发展需求。

（四）报告指南的启示

无论行业性、区域性还是全球性企业社会责任报告指南，都有其独特的视角与观点，这些多角度的报告指南不仅提高了企业社会责任报告的质量和水平，同时也反映了本行业、本地区或者国际社会对企业社会责任理念的认知，它对企业社会责任的发展起到了很好的促进作用。在我国，企业社会责任还处于起步阶段，企业社会责任报告的发展需要有一个认知、熟悉和掌握的过程。包括中央企业、地方国有企业、民营企业、外资企业、上市公司、中小企业在内的不同类型和经济性质的企业，对于如何开展企业社会责任实践，如何管理企业社会责任报告，都是一项具有创新性和挑战性的工作。当然，制订企业社会责任报告指南也不可能一步到位，需要从企业社会责任发展的需要、借鉴国外和国际组织推出的行业性或地区性的报告指南开始，结合中国的生态、经济和社会特点，逐渐完善和提高。

第二节　企业社会责任报告的编制与发布

一、企业社会责任报告的编制

（一）企业社会责任报告的组织

企业社会责任报告具有综合性，它涉及到企业的各个方面，需要一个跨部门的工作小组进行团队协作完成任务。当企业决定要发布企业社会责任报告时，第一件事就是组织编制报告的工作小组，来负责报告的计划、撰写、设计和发布等具体工作。

1. 组建工作小组

首先，组建报告小组应当遵循以下三项基本原则。

（1）关键领导参与原则。

企业社会责任报告涉及到公司各个方面，它关系到公司的理念、战略和可持续发展，只有得到企业高层领导的支持，才能编制出符合公司情况的高质量报告。有了高层管理者的参与，报告的效果才会更好，效率也会更高。

（2）跨部门协作原则。

报告小组的成员应来自公司的不同部门和公司业务的不同方面，成员有着不同的专长，才能保证报告内容的专业性、均衡性和完整性。

（3）跨利益相关者原则。

由于企业社会责任报告的主要读者群来自利益相关者和社会公众，如果有利益相关者参与到报告小组中，那么会增强报告的针对性。因此，报告在编制和发布之前应征求关键利益相关者的意见。

其次，一个成功的报告小组成员还应当包括以下五个层面的代表：

（1）起决策作用的领导层代表；

（2）由负责企业社会责任或可持续发展的负责人担任的报告具体的负责人；

（3）来自研发、生产、销售、人力资源、投资关系和战略管理等部门的代表；

（4）了解与企业相关的利益群体的外部顾问；

（5）利益相关者代表。

2. 确定报告的结构和内容

一般来讲，公众会期望企业能够披露其经济、环境及社会的影响，这对有效促进利益相关者之间的关系、市场关系以及投资者的决定都十分关键。全球报告倡议组织（GRI）可持续发展报告指南（G3、G4）是目前国际社会公认的企业社会责任报告框架标准。鉴于此，要清晰而公开地传达企业社会责任的信息，应当在概念、结构、内容及用语等方面参照全球共享的社会责任报告框架。

可持续发展报告指南也是一个不断发展的过程及工具，并不始于或止于一份印刷或者网上的报告指南。同时，一些区域性（某个国家）或行业性指南也是一个体现本地区或本行业特性以及特殊需求的社会期望，因此，社会责任报告应当具有可持续改进和发展的特性，以配合企业的整体环境和发展过程，这将有利于企业制定战略。通过企业社会责任报告，企业能够不断检讨成绩，不断改善绩效，推进企业社会责任的行动。因此，在规范框架的基础上，企业可以选择适当的报告方式，在报告中反映出对社会责任的新认知，以此为亮点进行创新改进。

3. 制订工作计划

组建报告小组后，要由小组成员制订报告编写的工作计划。工作计划应包含以下内容。

（1）确定报告的完成时间。确定报告的拟发布时间以及根据目标分解的各项工作计划时间，企业可以根据财务报告的发布时间来确定社会责任报告的发布时间，也可以根据利益相关者的披露和发布需要来确定。

（2）确定报告质量目标。报告质量包括内部质量因素和外部质量因素两个方面。从内部质量因素考虑，管理部门决定的信息披露程度以及同类企业的报告披露情况，是反映公司的企业社会责任和可持续发展实际的主要表现，需要慎重考虑；从外部质量因素考虑，选择何种报告标准或行业指南、采用多少相关指标来指导报告的撰写，是反映公司社会责任管理水平和管理实践的主要表现。

（3）明确分工。报告的内容涉及许多方面的管理经验和专业知识，各方面工作都需要有一定的时间和人员来进行调查和核算，需要有不同的人员分工来完成报告的编制准备工作。因此，在确定报告编制工作实践计划的同时，需要对具体的内容分解和人员分工做出计划。

（二）企业社会责任报告编制原则

企业社会责任报告应当在满足相关部门制定出台的相关文件和指导意见的要求下选用适宜的方法来编写，并体现以下六个特征。

1．准确性

应当在满足真实准确的条件下提供有用和适当的信息。

2．平衡性

不仅要从好的方面做出评价，还要客观地反映履行社会责任中的不足之处。

3．针对性

要提供体现社会和利益相关方期望的实质性信息。

4．可读性

应当选择篇幅适宜、方式多样、便于阅读者理解的语言等方式和内容进行信息披露。

5．可获得性

对于企业的利益相关者来说，可以获得企业社会责任报告中相关的有用信息。

6．时效性

为了帮助社会和利益相关方更好地比对企业的行为表现，报告信息应与财务信息结合。

企业社会责任报告是将企业的信息真实完整地传递给公众，用来与其他组织和个体沟通，报告内容包括企业依据自身角色定位确定的责任以及对利益相关方的责任和社会责任的履行情况等。为了提高报告的真实性以及可信性，在对外提供企业社会责任报告前应当由企业进行自我鉴定，同时，可以由利益相关者进行再次验证，最后可以委托具有第三方评价资质的机构进行评价。

（三）企业社会责任报告的撰写

企业社会责任报告的组织、设计和计划工作准备妥当后，就可以开始报告的撰写工作。撰写工作主要有收集分析资料、拟定提纲、编写报告、审批和验证报告内容等。

1. 收集分析资料

收集资料是必要的工作，有了充足的资料才能顺利地开展编写工作。资料的收集可分为基础资料收集和专题资料收集。基础资料主要是收集公司企业社会责任和可持续发展规划、计划、记录、测量和反馈等管理活动的文字性资料及数字性资料，专题资料的收集是有目的地收集，针对特定的问题（如消费者利益和期望）进行问卷调查和采访等。

向企业内部员工和主要利益相关者群体发放相关的调查问卷，是收集专题信息和数据的有效方法；面对面采访和通过访谈来收集资料的方式，可以弥补调查问卷的不足，因此需要有一定的比例。采访的重点是要补充调查问卷中缺少的问题、获得纳入报告的实例、与被采访人一起分析收集的数据。通过问卷调查和采访，既可以使企业管理人员和一般员工关注环境、社会和一般性经济问题，把可持续发展观念融入企业的各个部门，也可以了解利益相关者对企业的期望，从而更好地履行社会责任。

编制企业社会责任报告时也可以依据《可持续发展报告指南》或其他指南的要求和指标，列出详细的资料清单。另外，查阅同行业中其他企业的社会责任报告，也是资料收集的一种参考。

收集到资料后就要对其进行分析，包括对利益相关者的分析，对可持续发展的分析，以及对利益相关者与可持续发展的关系分析。对利益相关者进行分析，分析包括企业的利益相关者有哪些，企业对利益相关者的影响，利益相关者的反作用等；对可持续发展的分析，主要分析企业可持续发展的影响因素、企业的可持续发展措施、企业可持续发展绩效、企业为可持续发展做出的贡献、企业实现可持续发展的风险和机遇等；对企业社会利益相关者与可持续发展的关系分析，主要分析企业哪些利益相关者是企业实现可持续发展的关键因素，企业如何建构与利益相关者的关系来抓住可持续发展的机遇避免风险，利益相关者所关注的可持续发展的主题有哪些等。

在界定报告内容的过程中，应出现一套企业向公众和利益相关者汇报的项目指标。然而，由于一些实际困难，如数据不详、搜集成本高、信息涉及机密、隐私权或其他法律限制、所得信息并不可靠等因素，企业可能决定不披露某些信息。如果企业不披露关键信息，应在报告中清楚指出并交代原因。

2．拟定提纲

在收集并分析了大量资料后，需要开始拟定报告提纲。报告提纲可以参考全球报告倡议组织（GRI）《可持续发展报告指南》（G3）的框架结构，也可以参照《中国企业社会责任报告编写指南（CASS-CSR 1．0）》以及即将发布的国家标准《社会责任报告编写指南》的框架结构。当然，也可以在规范的框架结构的基础上进行创新和改进。

以 CASS-CSR 1.0 报告编写指南为例，报告的框架应包含的基本要素如表2-2所示。

表2-2　企业社会责任报告基本要素

一级指标	二级指标	一级指标	二级指标
一、报告前言	（1）报告规范； （2）高管致辞； （3）企业简介； （4）关键绩效。	四、社会绩效	（1）政府责任； （2）员工责任； （3）安全生产； （4）社区参与。
二、责任管理	（1）责任治理； （2）责任推进； （3）责任沟通； （4）守法合规。	五、环境绩效	（1）环境管理； （2）节约资源能源； （3）降污减排。
三、市场绩效	（1）股东责任； （2）客户责任； （3）伙伴责任。	六、报告后记	（1）展望； （2）报告评价； （3）参考索引； （4）读者意见反馈。

3．编写报告

报告编写风格是报告编制的一项重要因素，在写作风格上，一般有两种：一是杂志式报告，这种风格比较容易被大众理解。一般采用宣讲式语调为特点，报告正文常常包含各种采访和范例，还配有大量照片资料，能引起读者的注意。这种风格容易被大众接受，但需避免把报告做成公关宣传册。二是报道式报告，这种属于规范的商业风格。报告以中立且客观的描述性语调为特点，报告中大量使用图形和表格的形式来提供信息，侧重于描述事实，提出解决方案和实现目标，但没有过多翔实的解析。

报告的篇幅不宜过长，读者易失去阅读兴趣；也不宜过短，内容表述会不清楚。德国 Pleon 咨询公司的调查表明，喜欢报告篇幅在 50 页以上的人只有 30%，大部分人希望在 50 页以下。也有的报告针对不同利益相关者采取专栏形式发布，使需要的读者获取必要的信息，可以有的放矢减少信息累赘。

在确定了报告风格和报告篇幅后，就可以根据编写计划展开搭建内容框架、撰写案例、对数据汇总和分析等具体编制工作。为了使企业社会责任报告的重要信息能够准确传达给利益相关者，编写报告时应尽量考虑易读易懂性。

（四）企业社会责任报告的设计

完成企业社会责任报告的撰写之后，发布报告之前的最后一项工作就是报告的设计和审验。设计工作包括，优化报告风格和版面平面设计两个部分。

1. 总体风格优化

企业社会责任报告已经成为企业面向社会公众传播企业文化、价值观、社会责任战略规划、全面业绩表现和可持续发展远景描述的载体和重要沟通工具。报告的整体协调和优化也便成为一项值得研究的重要内容。每个企业所处的行业特点不同，对企业社会责任的认知不同，企业文化的表现形式不同，社会责任战略思想不同，企业社会责任报告在总体框架和风格上须遵循以下几个方面的基本原则。

（1）界定报告内容的原则。

为确保能中肯而合理地汇报企业的绩效，企业应当合理决定报告的内容重点，把握两个要素：企业社会责任目标及责任管理经验，利益相关者的合理期望及关注要点。

（2）确保报告质量的原则。

企业应采用确保报告信息质量的原则，这些原则是达到有效透明度的关键因素，高质量的信息能让利益相关者对企业绩效做出准确而合理的评估，从而采取适当的行动。

（3）设定报告界限的指引。

在搜集信息或考虑报告范围的界限时，要衡量关联企业（如控股企业及参股企业）的重要性，考虑该实体对企业社会责任的影响的幅度。对这些实体实施控制或有重大影响的实体通常对企业及其利益相关者会带来一些风险或机遇，企业通常也要为这些影响负责，因此，社会责任报告应该涵盖这些实体。

2. 具体版面设计

具体版面的设计包括版式设计、封面设计、标题的设计、字体的设计、数据和图表的设计、图文的设计、页面设计等。

报告的版式设计以方便实用、美感和独特性为原则，报告的封面要标明报告的年份、企业标志。各章节的标题可采用较大的字体或粗字体，正文通过不同字体和色域的风格，可以区分信息的重要性；数据和图表应该在报告中充分应用，图文设计要相互对应。

（五）内部审批和验证报告内容

为保障报告的规范，提高报告的可信度，在撰写工作完成后需要由企业内部进行审核和批准。内部审批有两个过程：一是由报告的各相关部门以及为报告提供信息的专访对象进行审核；二是由企业的最高管理层进行审阅批准。

在报告经内部审批后对外发布之前，还须通过外部验证和评价，检验报告的包容性、完整性和实质性等。外部审验的参与人员主要有：（验证业绩数据的）财务审计人员，（检查报告是否充分关注了所涉及的议题和评价企业的管理制度的）社会责任专家，（评价目标、业绩和报告编制组织的外部影响力的）利益相关者代表。

二、企业社会责任报告的发布

企业社会责任报告的发布是报告管理最后的一项重要工作，它会在一定程度上影响到报告的效果和企业的公众形象。通常，发布企业社会责任报告的目的，是向利益相关各方披露企业报告期间在社会责任承诺、可持续发展战略及责任管理方针方面的成绩及正、负面的影响，以使利益相关各方客观评估企业在法律、规范、守则、绩效标准及自发性计划方面的社会责任绩效，展示企业如何实现各方对社会责任的期望以及如何受这些期望的影响。企业发布社会责任报告除了在内容、质量方面需要遵循规范的要求之外，还需要保证在一定的媒介上发布以及在一定周期内以一定频次发布，以使利益相关者能够及时、便捷、定期地获得报告信息。

（一）报告媒介

电子光盘、互联网信息和印刷报告等都是发布的适当媒介。企业可选择兼用网络及印刷媒体，或只选用单一媒体。如在企业网站上载详细的报告，这些报告可用多种语言文字表述并可被下载和转载，另以印刷形式印制包括战略、分析及绩效信息的报告摘要。有关媒介的选择，会受到企业决定的发布期、更新内容的计划、报告的预期用户以及其他因素的影响，但起码应该选用一种媒介（网络或印刷文本）向利益相关者提供发布期间的整套信息。

企业社会责任报告的发布，也有采用新闻发布会的形式，通过新闻发布会扩大报告的新闻性以及通过邀请利益相关者代表参与新闻发布会改善关系等，在一定程度上提高了信息的传递效率，应当算是一种比较商业化的发布方式。新闻发布会仅是一种与报告相关的新闻信息，并不能成为实质意义上的报告媒介，因为新闻发布会并不能够披露完整的报告信息，同时它的传播范围和时效性有时也不如其他媒介更有意义。

（二）报告频率

企业应当为报告制定一个定期循环的发布周期，对大多数企业而言，周期通常为一年，但有些企业也会选择每两年发布一次。企业可以选择在两次发布综合绩效报表期间定期更新信息（如上市公司的季度报告期），虽然更新的信息不一定具备完整性，但优点是能够更适时地为利益相关者提供信息。尽管如此，企业仍应该维持一个可被预计的发布周期，在特定的时期内发布所有的完整信息。

企业社会责任报告可与企业其他报告（如周年财务报告）同时或独立发表。如果发表的时间相互协调，会加强财务报告与社会责任报告彼此间的联系。

三、企业社会责任报告的评价

（一）企业社会责任报告评价的意义

在社会与经济不断发展的同时产生了诸多社会问题，这些问题的出现阻碍了社会的进步。政府及社会做出资源配置决策时，要参考企业所发布的社会责任报告评价；投资者做出投资决策时要参考企业所发布的社会责任报告评价；甚至消费者做出购买决策时也要参考企业对外提供的社会责任报告来进行评价。这些细微的决策也在悄悄地影响着企业经济利益的积累。因此，社会责任信息披露的商业价值日益凸显。本书以各利益相关方为分类标准，总结如下。

1．对投资者的意义

企业社会责任评价报告可以使作为企业资金提供者的投资者知晓企业的发展能力，并着重分析企业资本的保值增值能力、营运能力、收益能力和还本付息能力等，最终将资金投入到更优的企业当中。

2．对消费者的意义

作为购买和最终使用企业产品和服务的人，消费者是否青睐一家企业往往会决定着这家企业获利的能力。消费者与投资者不同，其更多关注的是产品价格和服务水平与质量保证。消费者通过查阅企业社会责任评价报告中的价格以及产品等质量和企业服务水平的信息，最终做出相应的购买决策。

3．对企业员工的意义

企业员工已经成为了企业发展的核心，在利益相关者中占有重要地位。员工在企业对外提供的社会责任报告中更多关心的是其自身的薪资待遇、福利待遇以及是否拥有培训的机会。因此，员工可以通过报告所披露的信息做出评价来，决定是否服务于这个企业。

4．对自然资源和环境的意义

如今可持续发展是全社会倡导的议题。因此，积极保护自然环境和节约资源的企业不仅可以树立良好的形象，而且其赢得的良好社会声誉会形成企业自身的商誉或无形资产，最终还是会为企业带来实际的经济利益。因此，各利益相关者都会关注在企业社会责任报告披露的有关资源配置和环境保护方面的社会责任信息。

5．对政府、社会的意义

企业运行中所需要的社会资源的配给是由政府决定的。政府是企业获得国家资源的保证，企业受到政府的监督并获得国家的各项优惠政策。他们对企业是否为社会创造就业环境，是否能够积极纳税等方面进行评价，并根据评价结果给予企业更多的资源配置及优惠政策。因此，政府和社会所关注的是与这两点相关的企业信息的披露。

（二）企业社会责任报告评价内容

随着社会的发展，企业的追求已不仅仅局限于经济利益，而是扩展到了与利益相关方进行沟通和交流、发布社会责任报告以及履行社会责任。

及时披露社会责任信息有助于改善企业管理、提升企业形象、促进企业可持续发展，因此其是利益相关者进行决策时非常看重的依据，受到了各利益相关方的广泛关注。但现阶段我国只是在鼓励企业定期披露社会责任信息，并没有形成强制性的考核标准，因此，在质量上也出现了"良莠不齐"的现状。

1. 信息含量

企业社会责任报告作为企业社会责任信息的载体，既可以帮助利益相关者查阅并做出评价和决策，又可以帮助企业提升自身形象、推进社会责任管理。利益相关者的需求以及原则，什么信息需要在报告中得以披露，这些都是决定企业社会责任报告能否促使利益相关者做出正确决策的前提。社会责任报告中应该包含以下五个方面的内容。

（1）企业对投资者的社会责任。

由于企业设立的目的是盈利，因此实现企业利润即成为企业进行生产经营的首要目标。作为投资者，股东入股和债权人投资的根本目的就是获取利润。为了实现可持续发展，企业应该做到在满足自身利益的同时可以更好地承担投资者与股东的社会责任。因此，企业社会责任信息披露内容中不能缺少反映企业财务状况、经营成果的相关信息。

（2）企业对于生态环境保护的社会责任。

我国自古以来都有"天人合一"的观点，也就是提倡人与自然和谐相处。其中也包括企业与生态环境的协调发展。在经济利益的驱动下，过去相当长的一段时期内，企业一味地追求经济利益最大化，肆意排放污染物，污染事故频发，粗放、掠夺性地开发资源造成自然资源的浪费，从而导致环境污染，与"天人合一"的和谐社会背道而驰，违反了可持续发展的理念。我们在对中国 100 家上市公司的企业社会责任报告进行比较分析后发现，几乎没有企业在报告中披露关于其二氧化碳排放量与全球气候变化的影响；50%的企业未对二氧化碳等温室气体减排进行说明，未涉及如何防止气候变化和节能减排等方面的信息。节能减排是企业在可持续发展中的重要措施。因此，在社会责任报告中不仅要披露在生产过程中所消耗的各种生产物料以及能源总量，并且要对生产过程中产生的各种废弃物的排放量和防治举措进行说明与规划。

（3）企业对于员工的社会责任。

人才作为企业的核心资本应该受到保护。企业在社会责任报告披露时应该对自己在人力资源开发和保护方面的责任做出阐述。如保护劳动者的合法权益、各种劳动保护的实施、对职工的教育培训、创造的就业机会等诸多方面。

（4）对消费者的社会责任。

在市场经济竞争日益激烈的背景下，消费者只会青睐那些产品和服务都安全可靠的企业。调查显示，食品企业很少发布可持续发展报告，或发布报告的质量不高，这主要表现为信息披露不充分以及没有对出现的事故和问题等情况进行说明等。因此，要想实现可持续发展，企业需提供质量过硬的产品给消费者，同时提供优质的服务，建立完善的产品售后服务体系，并对相关信息进行披露，最终保护消费者的合法权益。

（5）对社会公共福利的社会责任。

作为社会成员的一部分，企业与社会密不可分，企业发展离不开社会支持，社会进步也离不开企业的推动，二者相辅相成，缺一不可。企业可以通过捐赠、解决就业、帮助弱势群体等方式参与到社会活动中，将这些内容包含在企业社会责任报告中，从而提升自身的影响力。

2. 信息质量

经济全球化在促进世界经济发展的同时，也带来了很多的负面影响。为了给子孙后代创造一个更美好的未来，应积极推动企业加入履行社会责任的团队，并提高报告信息质量。这样不仅符合全球企业的共同行动目标，还可以有效解决经济全球化所带来的负面影响。

（1）总体质量。

在信息披露的过程中，一般企业对于经济、社会、环境三方面的管理和绩效都能较好地进行陈述，但对治理、战略方面只是简单地阐述愿景而未能提供具体的计划，从报告的总体质量看，整体水平偏低。

（2）信息内容。

从企业社会责任报告披露信息内容上看，有关员工培训信息的披露最多，解决失业员工的安置和社会就业方案最少；在环境信息的披露上，有关绿色办公和节能减排最多，环境治理方案最少；在资源信息的披露上，有关节约资源的口号最多，具体解决方法最少。此外，很多企业披露绩效信息时报喜不报忧，不提出具体可行的方案来对企业进行责任管理和战略管理，信息质量方面有待提高，总体披露内容不够全面。

（3）企业特点。

一般情况下，由于央企控股、金融类或国有背景的企业，掌握较为广泛且优质的社会资源，并且直接接受国资委等相关部门的严格监管，其企业社会责任报告内容大多全面、完整、科学，处于领先和榜样地位，能较为有效地带动其他企业发布高标准的社会责任报告。

总之，为了提升报告的质量水平，应当对严格按照法律要求全面披露相关信息，勇于披露负面信息的企业给予表彰奖励，并鼓励他们对不足之处提出改进措施。在披露企业的愿景及战略规划时，摒弃以往仅停留在宏观层面上的简单陈述，而是要做出详细的计划。那些发展已经较为成熟的国有大型企业等应积极为带动全体企业共同发展贡献一份力量，从而提高企业社会责任报告的整体水准。

（三）企业社会责任报告的评价构成

1. 企业社会责任报告评价的标准

企业社会责任信息披露受到越来越广泛的关注，但要得知企业实际履责的质量和程度，就需要一套标准来客观地评价不同企业所提供的社会责任报告的有效性。该标准可以帮助利益相关各方充分了解企业社会责任的履行情况以及发展水平，从而促使企业能够不断自省，提高自身的社会责任报告质量。

（1）企业社会责任报告的内容界定。

企业社会责任报告的内涵是企业社会责任内容的必要前提。国内外学者对企业社会责任报告的内涵有着不同的理解。本书经过总结之后，认为企业社会责任的内涵就是企业对各利益相关者所承担的责任，其目的在于促进全社会和谐和可持续发展。作为社会的经济细胞，企业是一个商业组织，它为了实现利润最大化、股东权益最大化的目标并实现自身的长期发展，就必须承担相应的环境责任、经济责任以及社会责任。

企业社会责任报告的内容应该包括企业已经履行、正在履行或者计划履行的社会责任活动。在这里企业作为一个商业组织和社会的经济细胞，它在创造利润的同时，还要考虑到各利益相关方的关系，具体来说就是要保护规范投资者的回报、消费者利益以及员工生产安全和相关的合法权益。同时，促使企业能够主动地遵守商业道德、保护生态环境、合理利用资源、支持参与公益事业、承担社会责任。本书根据我国国情并结合 GRI 在 2011年3月，基于"可持续发展报告指引"草案修订并发布了 G3 指引中的相关内容，认为包含在企业社会责任报告中的内容主要包括：一是员工薪酬福利、生命健康和安全等相关问题；二是社区问题；三是政府及社会问题，即关注犯罪、支持公益及慈善事业；四是投资者，即资本保值增值、还本付息能力；五是环境及资源，即污染控制、环境恢复、节能减排；六是客户供应商及合作伙伴；七是消费者即产品质量、产品价格；八是其他类。

（2）企业社会责任报告的质量特征。

大多数企业为了向社会公众展示自己的社会责任感，选择通过对外提供社会责任报告向公众展示其社会责任的履行情况，从而利用企业良好的社会形象来获得更多经济利益实现可持续发展。但是要想实现可持续发展，企业对外披露信息必须有助于利益相关者使用与决策，而社会责任报告的信息是否有效，就取决于以下五个方面的质量特征。

第一，报告的相关性。相关性是指信息使用者的决策结果是否可以被企业社会责任报告决定。本书参照美国《财务会计概念公告》（*Statements of Financial Accounting Corwepts*，*SFAC*）第 2 号中相关定义，提出社会责任报告应当具有一定相关性。当企业对外提供的社会责任报告的信息能够使信息使用者，即利益相关者根据现有的数据来评估企业未来可能发生的事件。例如作为股东最关心的问题就是自己的投资是否能够得到回报，因此，股东会实时了解企业资本运行情况；债权人关心的是资本是否可以按时回收，因此，他们会更重视企业还本付息的能力；员工关心自身工作的回报和安全性，因此，他们会注重其薪酬福利及健康安全；作为购买者，消费者则关心产品或服务的质量价格等。各利益相关方在做决策时都会依据企业发布的社会责任报告寻找与自身密切相关的信息。

第二，报告的客观性。客观性是指企业社会责任报告内容应当真实、完整并保持中立。其中，内容完整强调报告应包含全部正面信息和负面信息，不能为了维护企业形象而忽略负面信息；客观真实强调在反映企业状态时应以企业客观情况为依据；保持中立是要求企业在披露信息时要实事求是，不偏不倚，不得出现有意曲解、掩盖事实的行为。

第三，企业社会责任报告的及时性。企业社会责任报告具有一定的时效性，企业在对外披露信息时不能提前、不能延后，要及时地将所披露的信息对外公布，促使信息的使用者能够及时掌握相关信息，从而能够及时地为其所用。

第四，企业社会责任报告的可比性。企业社会责任报告的可比性分为横向可比和纵向可比。所谓横向可比就是在同一行业内不同企业之间的绩效对比，前提是这些可比的企业的编制标准具有一致性；所谓纵向可比是企业内部在编制企业社会责任报告时要前后各期保持一致，并且相互具有一定的可比性。这样可以促使信息使用者有据可循，从而通过对比找到自己的需求，并帮助利益相关者做出相应决策。

第五，企业社会责任报告的清晰性。清晰性所提供的企业社会责任报告要保证清晰明了、容易理解。企业对外提供社会责任报告的目的就是为了让社会公众读懂并且做出相应的决策。如果所提供的企业社会责任报告使得利益相关者根本无法读懂，那么则丧失了企业社会责任报告的意义。因此，企业对外提供的社会责任报告应当清晰、明了、可理解，最终使使用者可以根据报告做出判断，保护自己的合法权益。

2. 企业社会责任报告评价的方法与指标参数

（1）评价的方法。

第一，内容评估与原则评估。根据评估对象可以将评估方法划分为内容评估与原则评估。顾名思义，这两种方法分别从报告的内容要点与原则两个角度出发。前者具有客观性，但多数评估项目会采用内容与原则相结合的方法。

第二，专家评估与大众评估。根据评估人身份划分可以划分为专家评估与大众评估。报告发展初期，由于读者积累不够、相关知识缺乏等原因，一般采用专家评估法；待社会大众普遍拥有相关知识后就可以采用大众评估的方法来对企业社会责任报告质量进行评估。

第三，全面评估与专题评估。根据评估范围可以将评估方法划分为全面评估与专题评估。报告发展初期，由于经验的缺乏，对企业社会责任报告很难做到深入全面的评估。因此，在今年出现了一种可以在某个专题或者领域深入评估的专题评估方法。

（2）评价指标。

我国企业社会责任报告评价指标包括以下四个方面。

第一，经济绩效指标。利益相关方要想了解一家企业及其可持续发展能力，就必须关注其经济绩效，因此，该指标也是评价社会责任报告的重中之重，更是考核企业在社会可持续发展中所做的贡献。

第二，参与性指标。作为社会责任报告信息使用者的利益相关者，会根据自身利益有重点地关注企业社会责任报告。其参与形式包括调查、书面交流、公司顾问小组、信息反馈、社区小组等。利益相关者对企业社会责任报告评价参与性指标可以反映企业在编制社会责任报告的过程中是否考虑了利益相关者的诉求。

　　第三，社会绩效指标。社会绩效评价报告的四个方面的质量主要包括：劳工措施、人权、社会及产品。劳工措施方面主要涵盖劳动安全、劳动健康、劳动者培训等方面；人权方面主要包括劳动者的自由选择权、消除就业歧视，保护女职工和未成年人的合法权益；社会发展方面主要涵盖披露与贿赂贪污行为的反映，改进措施及改进措施的质量是建立在存在这些问题的基础上的；产品方面主要包括是否影响消费者的健康及其个人隐私权利的保护，同时包括产品及其相关服务等信息。上述指标作为评价企业绩效的重要标准，可以客观反映出现代企业的管理水平，并对企业发布的社会责任报告做出评价。

　　第四，环境绩效指标。环境绩效指标侧重企业自身行为是否会对诸如空气、土地、资源、水、能源等环境带来影响，以及是否可以全面阐述在发展中企业对环境的威胁与未来改进措施（包括能源和物料的消耗及节约）等。

第三章　企业社会责任管理体系的建构

第一节　中外关于企业社会责任体系建设的观点

　　履行企业社会责任是全社会对企业的要求和期望，推动企业社会责任运动有助于实现经济效益、社会效益和环境效益的统一，以及社会和谐和可持续发展。企业社会责任作为一个研究领域，在西方国家已有六十多年的发展历程，至今仍然是一个备受关注的话题。

一、国外学者或机构的主要观点

　　经过几十年的研究和争论，尽管关于企业社会责任的内涵已基本上达成共识，但关于企业社会责任的构成要素及要素间的关系，不同学者或机构仍存在一些分歧，他们提出了多种分类方法并构建了不同的企业社会责任体系。

　　Carroll（1979）将企业社会责任分为四类：经济责任、法律责任、伦理责任和自行裁量的责任。Carroll 认为，首先，经济责任是企业最基本也是最重要的社会责任但并不是唯一责任；其次，作为社会的一个组成部分，社会赋予并支持企业承担生产性任务、为社会提高产品和服务的权利，同时也要求企业在法律框架内实现经济目标，因此，企业肩负着必要的法律责任；再次，虽然企业的经济和法律责任中都隐含着一定的伦理规范，公众社会仍期望企业遵循那些尚未成为法律的社会公认的伦理规范；最后，社会通常还对企业寄予了一些没有或无法明确表达的期望，是否承担或应该承担什么样的责任完全由个人或企业自行判断和选择，这是企业可以自行裁量的责任。从企业考虑的先后次序以及重要性而言，Carroll 认为企业社会责任体系呈金字塔型结构，经济责任是基础并占最大的比例，法律的、伦理的以及自行裁量的责任依次递减。

　　Modic（1988）将企业社会责任分为八个方面：一是产品制造方面的责任，即生产和提供安全可靠的产品；二是在营销活动中的责任，如做诚实的广告等；三是在员工教育培训方面的责任；四是环境保护的责任；五是提供良好的员工关系和福利的责任；六是提供平等就业的机会；七是注重员工的安全与健康；八是参与慈善活动。而 Isabelle 和 David 通过对美国和欧洲国家的企业社会责任调研，归纳出企业社会责任的五个维度和 11 项内容：一是对社会公众的责任，包括艺术与文化建设、赞助教育、提高全民生活质量、安全和环境保护等；二是对顾客的责任，主要是提供安全可靠的产品和服务；三是对员工的责任，包括提供平等的机会、健康和安全等；四是对股东的责任，包括创造利润、公开信息、公司治理等；五是对供应商的责任，主要是机会平等。

Basu 和 Palazzo（2008）从过程视角分析了企业社会责任的要素构成，并把企业社会责任的要素构成分为以下三个层面：第一，认知层面，表明企业如何思考与其利益相关者和更加广泛的世界之间的组织关系，以及与关键关系方开展具体活动的理性认识；第二，释义层面，表明企业如何解释其参与 CSR 活动的动机，以及如何与利益相关者分享这些动机；第三，行为层面，表明企业所采取的行为方式，以及向利益相关者做出的承诺和展示的战略一致性或不一致性。

美国全国会计师协会（NAA）1974 年发表研究报告，认为企业社会责任的主要领域包括社区参与、人力资源、自然资源和环境、产品与服务四个大类。于 2000 年 7 月正式启动的联合国全球契约计划（UNGC）号召各国企业应积极承担人权、劳工标准、环境及反贪污四个方面的社会责任并履行相关的十项基本原则。全球契约是人们解决全球化带来种种问题的一个新思路，即促使跨国公司成为解决社会、环境等问题的积极力量。

二、国内学者或机构的主要观点

陈迅认为，根据社会责任与企业关系的紧密程度可以把企业社会责任分为三个层次：一是基本责任，内容包括对股东负责、善待员工；二是中级责任，内容包括对消费者负责、服从政府领导、处理好与社区的关系、保护环境；三是高级责任，内容包括积极慈善捐助、热心公益事业。[①]

徐尚昆认为，现有的企业社会责任概念及其体系构成都是西方学者用西方企业样本在西方文化背景和特定制度安排下得来的，因此，应积极探索符合中国社会文化背景和制度安排的企业社会责任体系。[②]通过归纳性研

---

① 陈迅，韩琴. 企业社会责任分级模型及其应用[J]. 中国工业经济，2005（9）：7.
② 徐尚昆，杨汝岱. 企业社会责任概念范畴归纳性分析[J]. 中国工业经济，2007（5）：9.

究，徐尚昆得出中国企业社会责任的 9 个维度，即经济责任、法律责任、环境保护、客户导向、以人为本、公益事业、就业、商业道德、社会稳定与进步。

由国务院发展研究中心、国务院研究室、国资委、国家统计局、中国企业联合会等机构发起的中国企业家调查系统将企业社会责任的范围设定为四个方面：

第一，经济责任，包括创造良好的经营业绩，保持持续竞争力，保障股东权益，依法纳税。

第二，法律责任，一方面，在企业内部，建立健全企业治理结构，为员工提供安全健康的工作环境，在用工、招聘中提供平等机会；另一方面，在企业外部，不从事贿赂、腐败等行为，在同业竞争中遵守公平竞争原则等。

第三，伦理责任，包括维护员工和消费者的权益、为他们创造价值，提供优质产品和服务，营造健康和谐的企业文化，以及为员工进一步的成长和发展提供机会等。

第四，公益责任，包括为社会提供就业机会，救助社会弱势群体，参与社会、社区公益活动和捐助慈善事业等。

三、国内外学者关于构建企业社会责任体系的分歧

长期以来，国内外学者或机构在关于如何构建企业社会责任体系问题上始终存在着分歧。分歧的存在与国内外经济社会发展进程、社会文化、制度安排等因素有密切关系。

第一，相比国外学者，国内学者对不同企业社会责任要素之间的关系关注较少。企业社会责任体系要表明企业与社会的相互依存的关系。成功的企业需要健康的社会环境，而健康和谐的社会也需要成功的企业。正确认识企业与社会的关系，就不会把商业与社会对立起来。

第二，国内外学者普遍认同消费者责任、员工责任、环境责任、社会公益责任均属于企业应承担的社会责任，而对于股东责任是否属于企业社会责任范畴存在分歧。一些学者认为，股东责任应是企业承担的最基本的社会责任，保证股东利益是企业承担其他各种社会责任的基础。但仍有一些人认为，股东责任与企业社会责任之间存在一定的冲突。

第三，国内学者较为重视企业与政府的关系，并把服从政府领导、支持政府开展的活动等作为企业应承担的社会责任，而国外学者或机构对比基本上没有给予考虑。这种分歧显然与中西方经济体制和社会发展历史的

差异有密切关系。在就业方面，国外学者主要强调企业应提供平等就业机会，而国内学者或机构进一步强调企业应创造更多的就业机会，减轻社会就业压力。

第二节　我国经济社会发展对企业社会责任的特殊要求

企业社会责任体系的构建应遵行协调性原则，即企业社会责任实践应与企业内外部环境相协调。在不同的社会文化背景下，在经济社会发展的不同阶段，企业应承担不同的社会责任。西方社会认同的企业社会责任，我国企业应积极承担，因为我国企业也要进入国际市场并接受国际社会的检验。但由于所处经济社会发展阶段的不同，西方社会没有重视的一些责任或者他们已经较好履行但我们仍没有给予足够重视的责任，如促进就业、促进诚信商业文化的培育、推动技术进步、要求商业伙伴承担社会责任等也是我国企业应努力发展的方向。

一、完善公司治理机制

公司治理和企业社会责任之间是一种相互依存、相互促进的关系，完善的公司治理机制是企业认真履行社会责任的组织保证，而企业积极承担社会责任的主要表现之一是推动治理结构的完善和良性发展。目前，我国许多企业特别是大型国有企业或国有控股公司都存在内部治理结构不完善的问题。由于治理结构不完善，导致行为短期化、重大决策失误、信息隐瞒、资产流失等问题。因此，建立完善的公司治理结构，在企业内部做出有利于各利益相关方参与公司治理的制度安排，应是目前我国企业应承担的社会责任之一。

二、提供安全可靠的产品和服务

近年来，我国企业通过加强技术改进和质量管理，向市场所提供的产品和服务质量水平普遍提高，较好地满足了顾客需要。但近年来频频发生的产品质量事件说明，仍有一些企业急功近利、唯利是图，严重损害了消费者利益，扰乱了市场秩序。不论从哪个角度讲，向社会提供安全可靠的产品应是企业承担的基本责任，但在我国目前阶段，仍有一些企业连这样的责任都不愿意承担，这也说明一些企业在道德价值取向上的根本性缺失。基于这种现状，将"提供安全可靠的产品和服务"纳入我国企业社会责任体系并加以重点监管，成为加强我国企业社会责任管理的重要措施。

三、重塑诚信商业文化

我国改革开放已经历了三十多个年头，但市场经济体制仍不完善，良性市场秩序仍未完全形成，一个重要表现就是诚信商业文化遭到严重破坏，弄虚作假、假冒伪劣、恶意拖欠、滥用垄断权力等不讲诚信、不讲商业道德的行为处处可见，并导致劣币驱逐良币的现象（讲诚信的企业反而生存不下去了）。这种现象不仅严重侵害了消费者利益和其他利益相关者的利益，而且严重影响了我国企业的公信力和我国经济的健康发展。在市场经济快速发展的今天，诚信是做人之本，也是企业生存之本。因此，推动诚信商业文化的重塑，开展诚信经营，应是我国每一个企业必须承担的社会责任和义务。

四、促进社会就业

我国是一个拥有 14 亿人口的发展中国家，解决就业问题比其他国家更为艰巨。一方面，我国存在巨大的潜在失业人群，应届大学生"毕业就失业"现象就说明了这一点；另一方面，伴随农村城市化进程而不断产生的新型失业者已成为政府和社会关注的重心。此外，国有企业改革带来的职工下岗问题仍未得到全面解决。因此，促进就业必然成为我国企业应积极承担的一项社会责任。调查结果也表明，我国企业普遍认同将促进就业作为应承担的社会责任之一。

五、推动自主创新和知识产权保护

20 世纪 90 年代以来，通过吸引外资、加强与跨国公司的广泛合作，我国企业技术水平和技术能力普遍有所提高，但与发达国家企业相比，仍有较大差距，特别是企业技术创新机制仍不完善，自主创新能力仍十分薄弱。正因为如此，我国大多数企业在全球产业链体系中所处的分工地位始终没有明显改善，进而影响了企业赢利能力和国际化进程。所以，我国企业特别是国有大型企业必须承担起建立和完善技术创新机制、加大研究开发投入、提高自主创新能力的责任，以增强我国产业整体竞争力和国民经济的可持续发展能力。此外，强化知识产权意识，实施知识产权战略，实现技术创新与知识产权的良性互动，形成一批拥有自主知识产权的核心技术和知名品牌，也是我国大型企业特别是国有大型企业集团必须承担起的社会责任。

六、大力支持教育事业

随着我国市场经济的不断发展，社会和用人单位对高校本科毕业生需求出现了新的变化，实用型、复合型人才受到广泛青睐。但是，实用型、复合型人才的培养并非高等院校一方的责任，也是企业应该承担的责任。办学实践表明，再好的软件、案例或实验教学都替代不了实际工作中经验的积累和能力的锻炼。所以，企业应积极创建校企合作平台或利用好已经建立的合作平台，在推动科技转化为现实生产力的同时，为大学生实习实践提供机会，促进大学生就业和人才的合理配置。

七、承担供应链企业社会责任

随着经济全球化和一体化程度的不断提高，单个企业的竞争力已不单纯表现为企业自身的竞争力，更多地与企业所在的整个供应链的竞争力联系在一起。因此，越来越多的跨国企业开始在供应链视角下推行企业社会责任，通过跟踪供应链上各个合作伙伴的劳工使用、环境保护和社会责任实践情况，确保他们履行社会责任，以保证企业自身处于一个有利的竞争态势。其实，供应链中每一个企业都应承担社会责任，任何一个企业对社会责任的贡献都会让整个供应链受益，而任何一个企业不负责任的行为所导致的后果都要由整个供应链来承担。我国企业也应向西方跨国公司学习，除了要做好自身的社会责任管理实践，还应对国内商业合作伙伴提出社会责任的要求，特别是供应链中的核心企业应在规则制定、过程协调和结果控制等方面发挥举足轻重的作用。加强供应链企业社会责任管理，不仅有助于实现整体供应链企业社会责任价值最大化，而且有助于提升供应链整体竞争力。

第三节　建设有中国特色的企业社会责任体系

表 3-1 是具有中国特色的企业社会责任体系，不仅要考虑各利益相关

方的需要，而且必须考虑我国经济社会发展现状，以及实现经济可持续发展和构建和谐社会的需要。此外，该体系应体现企业社会责任不同要素之间的关系，或者说要反映企业与社会之间的互相依存的关系。

表 3-1　具有中国特色的企业社会责任体系

	经济责任	法律责任	环境责任	文化伦理责任	社会公益责任
基本责任	1.保持良好经济效益 2.维护股东利益 3.加大研发投入，提高技术水平 4.维护债权人利益	8.提供合格产品和服务 9.依法纳税 10.维护员工合法权益 11.遵守公平竞争原则 12.不搞腐败、贿赂			
中级责任	5.要求商业伙伴承担社会责任 6.积极采纳员工的合理化建议	13.建立完善的公司治理结构 14.保护知识产权	16.减少环境污染 17.节省资源 18.废弃物回收	20.参与诚信、互利商业文化建设 21.建立积极、宽松的学习型组织文化 22.消除各种形式的强迫劳动	24.支持教育 25.促进就业
高级责任	7.促进行业竞争规则和秩序的建立	15.做法律的建言者和维护者	19.环境恢复	23.促进员工的成长和发展	26.参与救灾活动 27.救助弱势群体 28.参与社区公益活动

一、基于经济社会发展的需求明确企业社会责任内容

股东、员工、消费者、政府、环境、社区、商业伙伴和整个社会都是企业的利益相关者，对企业都有利益要求，这些要求是形成企业社会责任

需求的根源。根据企业社会责任需求的成因，可以将企业社会责任划分为股东责任、员工责任、政府责任、社区责任、环境责任等。值得注意的是，尽管不同利益相关者会有不同的要求，但在许多方面是统一的。例如，股东希望至企业多赢利以实现股东利益最大化，员工也希望企业多赢利从而获得更多的报酬，政府也希望企业能够多赢利从而获得更多的税收。正因为如此，仅按利益相关者的要求来划分企业社会责任往往会出现交叉和重叠的情况。

二、基于社会责任属性划分企业社会责任维度

根据企业社会责任的属性，可以将企业社会责任分为经济责任、法律责任、环境责任、文化伦理责任和社会公益责任五个维度。企业作为微观经济主体，必须承担赢利、提供安全可靠的产品的社会责任，这是企业立足之本。企业必须在法律框架内实现经济目标，因此，企业肩负着必要的法律责任。虽然企业的经济和法律责任中都隐含着一定的伦理规范，但社会公众仍期望企业遵循那些尚未成为法律的社会公认的伦理规范。企业开展经营活动必须从环境中获取资源，同时企业行为不可避免地会对环境产生影响，甚至是破坏性影响，因此，企业应积极承担环境责任。此外，企业要不断升级企业价值观，应积极参与社会公益活动，承担企业在经济和社会发展中的责任。

三、基于社会责任与企业的紧密程度构建企业社会责任体系

根据社会责任与企业关系的紧密程度，可以将企业社会责任分为三个层次。

（一）基本企业社会责任

基本企业社会责任指的是，不管企业自身资源条件如何，都必须承担这些责任，内容包括提供安全可靠的产品和服务、保持良好的经营业绩、依法纳税、依法签订劳动合同、保证员工基本权益、遵守公平竞争原则等。基本企业社会责任主要涉及股东、员工、消费者、政府四个利益相关者，而且多为经济责任和法律责任。不能承担基本企业社会责任，企业不可能生存下去。

（二）中级企业社会责任

除非企业条件限制，否则企业应努力承担的中级社会责任，其内容包

括：积极采纳员工合理化建议、保护知识产权、减少资源消耗、促进就业、支持教育、推动诚信商业文化建立等。中级企业社会责任几乎涉及所有的利益相关者。不能承担中级企业社会责任，企业的生存和发展将受到威胁；而有效地履行了中级责任，则有助于营造良好的内外部环境，进而促进企业的发展。

（三）高级企业社会责任

企业应努力承担的高级社会责任包括：积极参与社会公益事业、促进行业竞争规则的建立、开展有利于环境恢复的活动、参与救灾活动等。社会公益责任则多为高级责任，是企业的自我裁量责任。

第四节　企业社会责任信息披露机制的建构

企业作为社会经济活动的主体和一定经济资源的控制者，应积极承担一定的社会责任，以促进经济社会和谐、可持续发展。企业对其承担社会责任情况的相关信息予以整理、分析、计量、核算与披露，不仅有利于向企业利益相关者提供全面的相关信息，帮助他们做出科学的决策，同时还有助于社会责任信息的使用者客观、准确评价企业社会责任的履行情况和存在的问题，并促使企业科学、合理制定企业社会责任战略和行动计划，有效开展企业社会责任活动。

一、我国企业社会责任信息披露现状及存在的问题

从目前的总体情况看，我国企业社会责任信息披露还处于初级阶段，这一方面表现为企业披露社会责任信息的积极性普遍较低，较少有企业能够主动披露其社会责任承担情况及存在的问题，而能够定期发布独立性企业社会责任报告或可持续发展报告的企业更少；有部分上市公司虽然在年度报告中对其社会责任履行情况有所披露，但信息量极少。

处于初级阶段的另一方面表现是，在披露什么、对谁披露、如何披露等问题上，我国企业普遍缺乏认识和经验，例如，上市公司已发布的独立性企业社会责任报告普遍存在结构不完整、内容空泛、缺少数据和实例佐证等问题，未能对利益相关方关注的相关议题做出明确、有效的反应，更未表明企业的社会责任方针、政策和目标。此外，经实证分析发现，在信

息披露方面，经济效益好、经营规模大的公司往往比效益差、经营规模小的企业做得要好；国有企业往往比民营企业做得要好。

这种现状首先与企业社会责任意识差、不愿主动承担企业社会责任有关。企业社会责任绩效差，必然导致其披露社会责任信息的积极性不高，甚至主动隐瞒相关信息。除此之外，这种现状还与以下问题有关。

第一，目前我国尚未建立全面的有关企业社会责任信息披露方面的法规体系，导致企业信息披露不积极、不规范。进行企业社会责任信息披露的外在驱动因素主要有两个方面：一是来自投资者及其他利益相关者对企业社会责任信息的需求；二是来自法律规定的压力。目前我国虽然在《公司法》《证券法》《上市公司治理准则》《上市公司信息披露管理办法》等法律法规中有一些关于企业承担社会责任的规定，但是对企业社会责任信息披露没有具体的规定，这就导致了很少有企业对社会责任信息进行披露，就算有所披露，信息也不全面。缺乏来自法规的压力是导致企业披露社会责任信息不积极的主要原因之一。

第二，对企业社会责任认识存在偏差，不能全面识别企业的利益相关方及其对企业的社会责任需求，导致所披露的相关信息简略，使利益相关方不能全面、客观地评价企业社会责任绩效。例如，中国电信、中国建设银行、中国神华等上市公司在其公司年报中都有"企业社会责任"的标题，但内容仅仅涉及公益事业、环境保护等方面。此外，这些公司所披露的信息也仅是一些具体的事例或简单的数据，这表明企业还没有将社会责任纳入战略管理的范畴，更没有形成明确的社会责任战略思路和行动方案。

第三，相关的会计理论和会计操作实务研究仍显不足。在我国企业的会计处理过程中，与企业社会责任有关的问题通常只作为常规的财务会计问题处理，而没有单独归纳到与企业社会责任相关的信息中，如按环保部门规定交纳的排污费，只计入管理费用中；对职工集体福利、职工社会统筹保障金等只计入相关成本费用；对社会公益和社会福利事业的赞助和捐赠，只计入营业外支出等。这就导致企业虽然承担了社会责任，但相关的信息却没有体现出来，这就给社会公众了解及评价企业社会责任的履行状况带来了极大的不方便。

二、企业社会责任信息披露内容界定

企业社会责任信息披露就是把企业所从事的或计划从事的社会责任活动及其产生的经济、社会、环境等影响进行披露。因此，企业社会责任信息的内涵就是指与企业社会责任的内涵直接相关的信息。而企业社会责任信息的外延与企业社会责任体系所包括的内容是一致的。由于人们对企业社会责任体系构成的认识不同，因此，对企业社会责任信息披露内容的界定也存在差异。下面是国内外几种有代表性的观点。

日本学者 Yamagami，T 和 Kokubu，K 认为企业社会责任信息披露就是企业所提供的具有社会影响的信息，包括环境（能源、产品安全）、社区参与、雇员关系、研究与开发、企业的国际活动 5 个大类。Guthrie 和 Mathews（1985）认为澳大利亚企业的社会责任信息披露就是提供一个企业与自然环境和社会环境相互作用所产生的财务的和非财务的信息，这些信息可以在年度报告中表述，也可以单独报告的形式来表述。Lotman 和 Bradley（1981）认为，企业在进行企业社会责任信息披露时应使用以下 6 个大类的指标：环境、能源、人力资源、产品、社区参与、其他。

Gray，R.H.，Kouhy，R.和 Lavers，S.（1995）在研究了其他学者对企业社会责任信息所做的分类之后，认为企业社会责任信息包括以下 15 个大类：环境问题类、消费者问题类、能源问题类、社区问题类、慈善和政治捐赠问题类、与雇员相关的数据类、养老金的数据类、向雇员咨询类、在南非的雇用问题类、雇用残疾人的问题类、增值表类、健康与安全类、雇用持股计划类、其他的雇用问题类、其他类。

我国学者葛家谕、林志军认为，企业除了应提供正常经营活动报告之外，外界利益集团、政府机构和社会公众都需要企业提供有关企业社会责任的更多信息，诸如企业与环境保护、就业、雇员培训、反种族歧视、医疗劳保、与社区之间的联系或所做贡献的信息资料。[①]李正通过对企业社会责任信息内涵和外延的界定，提出我国的企业社会责任信息披露的内容应包括环境问题、员工问题、社区问题、一般社会问题、消费者、其他 6 个大类，6 个大类中共包括 19 个小类。[②]

由国务院发展研究中心、国务院研究室、国有资产监督管理委员会等机构发起的中国企业家调查系统将企业社会责任的范围设定为 4 个方面：经济责任、法律责任、伦理责任、公益责任 4 个大类，这 4 大类中共包括了保障股东权益、依法纳税、维护消费者权益等 20 个小类。

2008 年 5 月 14 日上海证券交易所发布的关于加强上市公司社会责任承

[①] 葛家谕，林志军，现代西方会计理论[M]．厦门：厦门大学出版社，2011，第 157 页．
[②] 李正．构建我国企业社会责任信息披露体系研究[J]．经济经纬，2006（6）:4

担工作暨发布《上海证券交易所上市公司环境信息披露指引》的通知中指出，上市公司可以根据自身特点拟定年度社会责任报告的具体内容，但报告至少应当包括如下方面。

第一，公司在促进社会可持续发展方面的工作，例如，对员工健康及安全的保护，对所在社区的保护及支持，对产品质量的把关等。

第二，公司在促进环境及生态可持续发展方面的工作，例如，如何防止并减少污染环境，如何保护水资源及能源，如何保证所在区域的适合居住性等。

第三，公司在促进经济可持续发展方面的工作，例如，如何通过其产品及服务为客户创造价值，如何为员工创造更好的工作机会及未来发展，如何为其股东带来更高的经济回报等。

企业社会责任体系的构建应遵行协调性原则，即企业社会责任实践应与企业内外部环境相协调。在不同的社会文化背景下，在经济社会发展的不同阶段，企业应承担不同的社会责任。西方社会认同的企业社会责任，我国企业应积极承担，因为我国企业也要进入国际市场并接受国际社会的检验。但由于所处经济社会发展阶段的不同，西方社会没有重视的一些责任，如促进就业、加强公司治理、促进诚信商业文化的培育、推动自主创新和技术进步、保护知识产权等也是我国企业应努力发展的方向。我们可以把企业社会责任信息披露的内容具体划分为以下 5 个大类、30 个小项，如表 3-2 所示。

表 3-2　企业社会责任信息披露内容体系

责任类别	责任项目
经济责任	保持良好经济效益；推动自主创新和技术进步；保障股东权益；保障债权人利益（共 4 项）
法律责任	提供优质产品和服务；依法纳税；建立健全公司治理结构；消费者沟通及抱怨处理；员工的健康和安全；员工社会保障；员工培训；工资发放和工作时间；传递真实信息；保护知识产权；遵守公平竞争原则；不从事腐败贿赂行为（共 12 项）
环境责任	污染控制；环境恢复；节约资源；废旧物回收（共 4 项）
文化伦理责任	组织文化建设；诚信商业文化建设；消除各种形式强迫劳动；促进员工长期发展（共 4 项）
社会公益责任	促进就业；救助社会弱势群体；支持教育；捐助慈善；参与救灾；其他社区公益活动（共 6 项）

三、企业社会责任信息披露的形式

披露形式是指企业披露社会责任信息时所采用的表述方式和媒介。从近年来国内外企业实践看，企业主要采用年度报告、年度报告之外的单独报告、大众传媒三种形式披露企业社会责任信息。其中，年度报告又分为年度报告内的分散披露形式、年度报告内的独立性报告形式等。

（一）年度报告内的分散披露形式

年度报告内的分散披露形式是指企业社会责任信息存在于年度报告的不同部分，例如，经营业绩回顾与展望、公司治理结构、财务报告、财务报告附注、管理层讨论与分析等，但是还没有集中于年度报告内的某个单独部分。2008 年之前，我国上市公司绝大多数采用这种披露形式，利益相关者在使用企业社会责任信息时往往要花费大量的时间去分门别类地寻找。显然，这种形式不便于阅读和使用，披露的信息量也会受到限制。

（二）年度报告内的独立披露形式

年度报告内的独立披露形式是指在公司年度报告中设立独立的企业社会责任部分，并全面传递有关的信息。年度报告内的独立披露又可分为：描述性披露形式和报表披露形式。

描述性披露形式是指以确认和描述企业的社会责任活动为主，并辅以货币的和非货币的数额来计量这些活动。例如，污染物减排数量、妇女或者残疾人雇员的人数、节约的能源数量、捐赠的金额、员工培训次数和投入、每股社会贡献值等信息。这种披露形式的报告简便易行，是我国企业在近期改进企业社会责任信息披露体系最有可能采取的形式。

报表披露形式是指使用以货币为主的计量手段，以独立的报表来反映企业社会责任活动所产生的社会成本、社会收益。企业可以采用的报表有：社会利润表、现金流量表、社会责任资产负债表、社会贡献状况表等。报表形式更能够体现信息披露的严肃性和科学性。但编制这些报表不仅需要成熟的理论支撑，还需要具备系统的操作实务和计量方法。但到目前为止，这些问题都没有得到彻底解决。

（三）年度报告外的独立性企业社会责任报告

年度报告外的独立性报告是指在公司年度报告外，以独立性报告形式全面、深入反映企业社会责任履行情况及存在的主要问题。目前西方国家企业普遍采用这种形式进行企业社会责任信息披露，我国上市公司自 2008 年开始推行这种形式，这与深圳、上海证券交易所分别发布了《深圳证券交易所上市公司社会责任指引》《上海证券交易所关于加强上市公司社会责任承担工作的通知》有关。独立性企业社会责任报告又可分为描述性的报告和报表形式的报告两种。

目前我国企业发布的企业社会责任报告均为描述性的，还没有一家公司采用报表形式。根据上证所的要求，290 家上市公司披露了独立的企业社会责任报告，其中，有 76 家公司在企业社会责任报告中披露了"每股社会贡献值"。

（四）大众媒体披露形式

大众媒体包括报纸、广播、电视、新闻网络、公司网站等，通过这些媒体披露社会责任信息比较适用于公共关系管理和针对特定事件所进行的信息披露。大众媒体披露社会责任信息具有及时性、成本低的优点，但是其缺点也十分明显：第一，通过大众媒体披露的信息不像年度报告那样，有相关的法律规定进行约束；公司可以选择性地披露一些对公司有利的信息甚至披露虚假的信息；第二，大众媒体（报纸除外）的信息并不像年度报告那样，可以永久保存，尤其是公司网站的信息可以被公司随时更改。

四、每股社会贡献值的核算

根据上海证券交易所发布的《关于加强上市公司社会责任承担工作暨发布〈上海证券交易所上市公司环境信息披露指引〉的通知》的要求，有条件的企业应在社会责任报告中披露每股社会贡献值，即在公司为股东创造的基本每股收益的基础上，增加公司年内为国家创造的税收、向员工支付的工资、向银行等债权人给付的借款利息、公司对外捐赠额等为其他利益相关者创造的价值额，并扣除公司因环境污染等造成的其他社会成本，计算出公司为社会创造的每股增值额，从而帮助社会公众更全面地了解公司为其股东、员工、客户、债权人、社区以及整个社会所创造的真正价值。如前所述，上海证券交易所提供的有关该指标的核算方法主要存在两方面的问题：一是没有体现环境保护、员工培训、改善劳动条件、供应链优化等方面的投入或成效；二是如何核算"其他社会成本"，目前仍没有统一的口径和要求。

作为一个综合性指标，每股社会贡献值应基本反映企业为所有的利益相关者创造的价值。在目前的指标核算方法中，"利润"对应的利益相关者是股东，"税收"对应的是政府，"工资"对应的是员工（劳动），"利息"对应的是债权人。而企业对商业合作伙伴、环境等利益相关者的贡献没有体现出来。不仅如此，企业对每个利益相关者的贡献并不是只有一个，而是多方面的，也就是说企业对每个利益相关者的贡献可以利用多个指标来体现。为此，我们对该指标的核算方法做如下的改进。

（一）企业核算项目

除了计算公司净利润、税收、工资、利息、对外捐赠外，应增加以下的核算项目。

（1）员工福利及社会保障支出，包括为员工缴纳的养老、医疗、住房、失业等社会保险支出，员工交通津贴、误餐补助及其他各种福利支出等。

（2）员工培训支出，包括用于安全培训、技能培训、管理培训、心理培训等方面的支出。

（3）环境保护支出，包括污染控制支出、废旧物回收支出。

（4）改善劳动条件、改进技术等方面的支出。

（5）因供应链优化而降低的库存成本、物流成本等。

（二）其他社会成本的核算

其他社会成本是指除了必然要发生的社会成本外，因企业生产经营活动的开展对社会所造成的损失，即外部不经济。在核算社会贡献值时，必须扣除其他社会成本。其他社会成本的形成主要与环境污染、过度能源消耗、员工解聘、安全事故等有关，主要体现为过度资源消耗成本、环境污染治理成本、人力资源成本、社会管理成本等。其中，过度资源消耗成本可以通过与行业资源消耗的平均水平比较而求出；环境污染治理成本则可以依据典型环境治理项目的投入水平进行核算，或根据企业产能规模确定一个合理的数值。

表3-3　每股社会贡献值的核算内容

利益相关者	每股社会贡献值的加项	每股社会贡献值的减项
股东	净利润（+） 改进技术的投入（+）	该分而未分的红利（−）
债权人	利息（+）	
政府	税收（+）	罚项支出（−）
员工	工资（+） 员工福利（+） 社会保障支出（+） 员工培训支出（+） 改善劳动条件的投入（+）	恶性安全事故补偿成本（−）

续表

利益相关者	每股社会贡献值的加项	每股社会贡献值的减项
消费者	售后服务支出（+）	
商业合作伙伴	因供应链优化而降低的库存成本、物流成本（+）	额外增加的合同成本（-）
社区	捐助（+）	
环境	环境保护支出（+）	过度资源消耗成本（-） 环境污染治理成本（-）

根据以上分析，我们可以利用以下的公式来描述每股社会贡献值的核算方法：

每股社会贡献值=（净利润+税收+职工工资+利息+对外捐助+员工福利及社会保障支出十员工培训支出+环境保护支出+改善劳动条件的投入+改进技术的投入+售后服务支出-其他社会成本）/公司总股本

其中，其他社会成本=该分而未分的红利+过度资源消耗成本+环境污染治理成本+社会管理成本+恶性安全事故补偿成本+罚项支出等。

五、完善企业社会责任信息披露机制的建议

（一）出台企业社会责任报告统一框架

统一的企业社会责任报告框架不仅有助于宣传先进的企业社会责任理念，对企业社会责任实践产生引导和规范作用，而且有助于提高报告的可比性，提高使用者的阅读预期和阅读效率。但由于我国工业行业种类繁多，有些行业有着明显的地域性，各种规模的企业均大量存在。因此，我国相关的政府部门和行业组织可以借鉴国外机构推出的全球性、行业性或地区性的企业社会责任报告指南，结合我国的经济、社会特点，为我国企业提供相关的企业社会责任报告指南。

（二）强化描述性社会责任报告，探索会计基础披露模式

在披露形式的选择上，应强化独立的描述性企业社会责任报告形式，并积极探索和建立会计基础披露模式。企业社会责任报告不仅要呈现企业履行社会责任基本情况，而且要披露每股社会贡献值、单位产值能耗、污染物减排数量、节约的能源数量、妇女或者残疾人雇员的人数及其在员工总数中所占比重、捐赠金额及其占企业营业收入的比重、员工培训次数和投入等定量指标。对于企业承担的社会责任，如果能够以数据进行确认和计量，则应优先采用会计指标予以反映。企业社会责任报告不仅要反映企业履行社会责任的情况和存在的问题，而且要表明企业的社会责任管理方

针、政策及组织架构（以保证社会责任建设的持续性），表明企业社会责任长、中、短期目标（以形成履行社会责任的良性循环）。

（三）建立社会公众监督机制

在建立社会公众监督机制的过程中，也要引导公众参与监督企业的社会责任信息披露行为。社会公众是重要的利益相关方，同样关注企业履行社会责任的情况，因此，引导社会公众参与监督企业社会责任信息披露行为，对于提升企业社会责任报告的价值有重要的意义。例如，可由政府部门或其他非营利组织倡议、发起网上最受公众喜爱的社会责任报告评比活动，并通过重要媒体公布评比结果。

（四）建立企业社会责任报告的第三方审计制度

在企业发布的社会责任报告中，如果能有第三方机构出具的审计意见，将会显得更加公正、客观和可信。要保证社会责任报告审计的质量，就必须充分发挥注册会计师、质量认证机构等独立中介机构的作用，并确保审计者的独立性。同时，要加快制定企业社会报告审计准则或标准。这就要求国家财政、审计机关及注册会计师协会要积极推动这一进程，借鉴国外已有标准，根据我国经济发展现状，制定一套社会责任报告审计标准，明确社会责任报告审计的对象、审计范围和审计主体，设计科学合理的社会责任报告审计方法和程序，拟定社会责任审计报告的主要形式，使社会责任报告审计有据可依。

（五）完善与企业社会责任信息披露有关的法律法规

企业社会责任信息披露机制的构建不仅要关注披露内容、披露形式问题，建立并完善与企业社会责任信息披露有关的法律法规也是亟需解决的问题。西方国家企业社会责任信息披露经历了一个由自愿性披露到强制性披露，再到自愿性披露和强制性披露相结合的发展过程。所以，我国必须加快相关法律法规的制定和完善，并对企业社会责任信息披露做出强制性规定。

我国企业披露的社会责任信息应区分为自愿披露和被要求披露的两部分，被要求披露的部分由国家制定相应的法律、法规强制企业必须披露，自愿披露部分由企业根据实际情况选择披露。对于上市公司来说，应通过证监会，尽快出台《上市公司社会责任信息披露管理规定》，对上市公司企业社会责任信息披露的范围、具体内容和披露形式等进行规范和引导。

第四章　企业社会责任的管理模式

第一节　企业社会责任管理的理念

一、企业社会责任管理的内涵

对企业社会责任管理内涵的辨析，是要诠释企业社会责任管理"是什么"，它是分析企业社会责任管理系统结构和要素的基础。从"管理"的概念可知：管理是在特定环境下，管理者通过职能作用，协调他人的活动和充分利用资源，从而实现组织目标的一系列活动过程。由此来讲，管理的内涵应当包括：管理是围绕目标的活动；管理的主体是管理者；管理的客体是组织资源和活动（即为实现目标的资源、行动和思维逻辑的系统安排）；管理的职能是计划、协调和控制；管理的基础是环境（即管理始终处于不断变化的内外部环境之中，适应环境变化是决定管理成败的重要基础）。张智光的研究则支持了上述观点，认为：管理系统包含了管理的目标、主体、客体、活动和环境五个要素。其中管理主体、客体和活动三个要素构成了管理的核心体，管理目标对管理核心体提出了管理要求，而管理环境和核心体之间具有相互作用和相互影响的关系。

虽然学者对企业社会责任管理的诠释是从不同角度，但基本涵盖了管理所包含的目标、主体、客体、职能和环境五个要素组合，其中"管理职能"和"管理活动"的内涵是一致的。由此，研究认为，可以综合以上五个构成要素（至少包括三个核心要素），对企业社会责任管理定义为：

企业社会责任管理是指，在充分考虑内外部环境的影响下，针对企业应当承担的经济、社会和环境可持续发展责任，管理者通过管理职能的应用，充分利用组织资源和协调他人业务活动以保障目标实现的管理活动和过程。

二、企业社会责任管理的意义

"促进人类社会可持续发展"是 21 世纪企业应当承担的责任和义务。

在联合国《全球契约》、全球企业公民行为等社会责任运动的积极倡导下，以及国际标准 ISO26000《社会责任指南》（2010）和国际认证联盟 IQNet SR 10《社会责任管理体系》认证标准（2011）的大力推动下，各国将会相继出台企业社会责任（Corporate social responsibility，CSR）行为准则（或认证标准）和市场准入规则，即"社会责任壁垒"，来规范本国和进口企业的社会责任行为。由此，企业社会责任实践已经成为企业需要共同面对的全球市场发展要素，对企业竞争优势、消费者响应、公众形象等方面产生了重要的影响，企业要建立市场竞争优势，就要应对或积极响应来自内外部环境的压力，实施有效的企业社会责任管理。换句话说，企业要保持竞争力，必须对不断变化的可持续发展环境约束做出回应，企业社会责任管理策略就是与其他利益相关方建立联系的有效手段和平台。然而，当下在企业社会责任管理方面的研究还很薄弱，尽管一些企业（如中国电力、中远集团等）已经开始探索企业社会责任管理的实践，但还没有形成企业社会责任管理的系统理论和思想体系。因而，构建一个指导实践发展的企业社会责任管理系统，是促进中国企业社会责任管理实践和国际化进程必不可少的理论基础。

针对企业社会责任管理的研究，是 21 世纪以来学术界关注的热点问题，形成了一些理论成果。代表性的有：借鉴全面质量管理（TQM）提出的全面责任管理概念模型（Total Responsibility Management，TRM），主要思想为"构建制度化的责任愿景，将责任融入企业战略、人力资源能力建设和管理系统，并通过责任措施指标实践改进和创新"；基于企业社会责任管理的过程模型，包括"识别利益相关者、确定利益相关者权益和影响、预测利益相关者行为、确定企业社会责任的战略、实施企业社会责任管理策略等"管理过程；其他还有基于经营哲学的企业社会责任管理模式，基于企业社会责任管理动因和绩效分析的整合性企业社会责任管理框架，以及基于社会价值实现提出的全面企业社会责任管理"3C+3T"模型。这些研究虽然有各自的特点和风格，但总体上可以概括为"从战略管理、管理过程、管理内容等视角，将企业社会责任融入企业现有经营管理的理念和操作规范"。正如 Jutterstrom（2014）所认为的：企业社会责任应被看作是促进效率和合法性的组织变革，企业社会责任管理的核心思想不应当是如何来管理企业社会责任的操作规范，而应当被视为一种系统管理的理念和逻辑框架。因为不同企业对具体规范会有不同的理解和解释，而系统管理的核心理念和逻辑却是一致的，它能从根本上解决管理思想的统一问题。

由此，本研究要解决的关键问题就是企业社会责任管理的系统理念和系统结构。

研究企业社会责任管理的系统问题，首先需要理清企业社会责任管理的内涵，明确企业社会责任管理理念和系统构建的核心思想；其次需要结合系统管理理论对企业社会责任管理的系统结构进行分析，明确构成企业社会责任管理的子系统及主要功能结构；最后是进一步明确系统功能结构的构成要素等。由于企业社会责任管理是个新兴事物，理论研究和实践应用的相关信息还很少，因此研究采用了演绎推理和归纳推理分析方法，从管理系统的一般原理和逻辑结构分析入手，推演出企业社会责任管理系统的结构子系统，并建立起各子系统之间的因果关系，然后结合研究现状和企业社会责任实践的管理需求，概括出企业社会责任管理系统的构成要素。由此，为进一步的应用研究建立一个理论分析框架。

三、企业社会责任管理的系统结构

当前，对企业社会责任管理系统的研究都是概念性框架的描述，缺少系统推理和一般性的结构观点，但张智光的三维金字塔管理系统结构对本研究的启发很大。他认为：战略管理学派将管理系统描述为公司、业务、职能战略的一维体系；管理过程学派将管理系统看作由计划、组织、领导和控制等管理职能构成的一维体系；信息管理论则是将管理系统看作由管理职能与销售、生产、财务等业务职能构成的二维体系。[①]然而在管理实践中，这些体系又互相交叉和联系，形成多维的复杂系统。为此，张智光在管理信息系统（MIS）基础上，提出了"企业管理系统应当包括管理层次维、管理领域维和管理过程维的相互关联三维立体结构"的观点，并且还认为：除了各管理维度内部的相互关系外，三个维之间也存在相互交织，形成了层次——领域、领域——过程、层次——过程等集成子系统，共同构成一个立体的有机整体。而企业的每个具体管理活动都能在此系统中确立各自的坐标。[②]

研究认为：将企业社会责任管理所包含的主体、客体、职能三个核心要素与三维金字塔管理系统结构模型进行融合，能够在系统结构的基础上

[①] 张智光. 面向集体化 MIS 的三维管理体系结构及其集成计划与控制[J]. 东南大学学报：自然科学版，2007，37（3）：6.

[②] 张智光. 面向集体化 MIS 的三维管理体系结构及其集成计划与控制[J]. 东南大学学报：自然科学版，2007，37（3）：7.

将管理要素子系统以及相互关系进行研究，综合构建企业社会责任管理系统的设计思想，应当是对企业社会责任管理模式的最完整描述。但这个概念框架最终是否成立，我们还需进一步用系统管理等相关理论来进行最终的论证。

第二节　企业社会责任管理模型

一、基于系统管理理论的分析

按照 FremontE Kast 的描述，系统管理理论主要包括系统哲学、系统管理和系统分析三个方面。第一，系统哲学认为，系统是一个有目的性的组织或综合整体，这种组织或整体强调各个组成部分之间的联系，主要适用于企业经营系统中的战略分层系统。这个分层系统根据系统的观念，把组织和环境联系起来，使组织和环境一体化。第二，系统管理是把企业作为一个系统来设计和管理，基本特征是"重视目标，重视责任（能够被衡量），重视人（强调人的重要作用）。强调分系统之间的相互关系，从整体协调组织内部的各种活动一体化。第三，系统分析是解决管理问题或决策的方法和技术。包括对问题的认识，分析和综合各种因素，并确定一个最优的解决方法（管理模式）或行动方案。分析表明，系统管理理论是将企业的目标与价值、社会环境、技术、管理、组织结构等子系统有机地结合而形成大系统的整体功能性，而不是简单叠加成为一个功能体系的组合。

按照系统管理的思想，管理系统也应当具有整体结构，但与企业系统的目标与价值、社会环境、管理过程、组织结构等子系统要素不同，管理系统则包括"目标、主体、客体、职能和环境"等子系统，其中"管理主体、管理客体和管理职能"构成核心子系统，这些子系统之间相互协调构成了一个有机系统结构；同时，管理者要识别组织内部外部环境对管理活动的影响因素，并将这些因素纳入系统管理中。由此研究认为，系统管理理论的"管理系统整体结构和影响系统（子系统）结构主要因素"的管理思想，企业社会责任管理系统结构思想是一致的。

二、基于霍尔三维结构模型的设计

霍尔三维结构模型是解决复杂系统规划、组织和管理问题的一种思想和方法，基本原理是用时间维、逻辑维和知识维所组成的三维系统工程方法，表征了系统工程研究的结构体系框架思想。按照霍尔模型的设计思想，时间维表示系统活动按时间顺序排列的过程；逻辑维表示时间维的每一个阶段内所要进行的工作内容和应该遵循的思维逻辑；知识维表示完成上述活动过程、活动内容和思维程序所需的一些管理知识和相关学科的知识与技能。

按照霍尔模型的设计思想，"时间维"可以理解为实施企业社会责任管理而应当采取的规范管理过程，即企业社会责任管理的"过程维"；"逻辑维"表示的"工作内容和思维逻辑"，在孙荣霞的项目融资风险管理研究中被表述为对项目利益相关各方的管理内容。在本文把它理解为企业要对利益相关者和社会影响所应承担的责任内涵，即企业社会责任管理的"对象维"（或内容维）。包括识别这些环境影响、确定责任主题和类型、明确履责的措施和承诺等；"知识维"对于企业社会责任管理来讲，理解为"管理者所掌握知识和技能在管理层次中的表征"，更强调管理层次的企业社会责任理念、管理功能和绩效定位，即企业社会责任管理的"层次维"。由此，研究进一步企业社会责任管理系统的管理要素与霍尔三维系统的结构要素结合起来，就形成了企业社会责任管理的三维结构模型。

基于摩尔三维系统模型的企业社会责任管理模式设计，将管理的层次、管理的对象（内容）以及管理的过程整合在一个框架下，同时涵盖了管理的绩效目标以及企业应对内外部环境影响的管理思想等各方面要求，也包括与 SA 8000、JSO 26000、JONet SR 10、UNGC、GRI-G4、GSR 治理等管理体系的进一步协调。正如系统管理理论的功能—结构管理思想，企业社会责任管理的三个维度（管理层次、层次对象/内容和管理职能）既分工明确又相互协调，交织在一起构成了完整的企业社会责任管理模式。

第三节　企业社会责任管理模式构成要素

一、企业社会责任管理的层次维构成要素

（一）结构要素与功能

按照企业社会责任管理系统结构的设计，企业社会责任管理的主体即管理层次，包括董事会/监事会、高级经理、业务经理几个方面。其在企业社会责任管理的主体功能表现在以下几方面。

1. 董事会的管理决策职能

该层次决定企业应当以什么样的态度和发展阶段对待社会责任问题（这也体现了层次——职能维的交互关系），其决策职能包括：将企业社会责任融入经营战略；构建企业社会责任治理结构；制定企业社会责任绩效与政策。

2. 监事会的控制职能

该层次决定企业如何建立战略控制措施，以保证公司在社会责任方面的风险降至最低，其控制职能包括：将企业社会责任融入控制战略；制定企业社会责任风险控制制度与标准体系。

3. 高级经理的战略执行和经营管理职能

该层次主要是建立体系以执行和落实董事会、监事会制定的企业社会责任战略目标及措施，其管理职能包括：制定企业社会责任管理制度体系；制定企业社会责任绩效目标体系；建立企业社会责任企业文化。

4. 部门经理的业务执行和流程管理职能

该层次是将公司有关企业社会责任的管理目标、计划和政策转化为具体的职责、绩效目标和执行程序等，其执行职能包括：将企业社会责任融入岗位职责；制定企业社会责任管理/工作流程；制定工作目标和控制措施

由此，企业社会责任管理的层次结构包括了不同层级的构成要素和管理职能，既有管理目标和绩效的要求，又有相互关系和内在层次逻辑，形成一个有效管理的层次子系统。

（二）管理模型

从企业社会责任发展阶段分级模型的分析可知，决定企业社会责任发展水平的关键要素（即将社会责任引入组织的原则）是"战略意图、领导作用和承诺目标"。就是说，从管理的层次角度，研究倡导的是将企业社会责任融入企业的目标、战略、计划、程序和绩效等各个方面，形成经营管理的一个部分，由此才能够将社会责任贯彻到运营过程和职能活动当中。

正因为战略意图、领导作用和承诺目标是企业社会责任管理的核心，将这些主题转化成管理策略的"愿景、战略、计划、执行方案和持续改进"就成了管理层次子系统的核心。由此，研究沿用了广泛使用的"计划—执行—检查—行动"（PD-CA）模型，构建了管理层次子系统管理模型，模型由四个阶段作为代表，分别是：领导力和愿景（Leadershipand Vision）；战

略和计划(Strategyand planning);执行和绩效(Executionand performance);
监测和持续改进(Continuousim provement and monitoring)。这个框架为企
业整合现有的目标、战略、管理程序、体系和标准提供了可能。该框架没
有指定某种固定的应用模式，而是提供了一个灵活但系统化的企业社会责
任决策和执行管理框架。

1．在领导力和愿景阶段

组织的领导力是创设组织愿景的关键因素，能够对组织愿景产生显著
的影响。组织愿景形成的前提条件是领导的愿景的形成，也就是说组织愿
景是由组织的战略领导者提出个人意愿，获得组织成员支持后形成共同愿
景，所以领导者的愿景导向将决定组织愿景的形成。这就要求领导者强化
愿景领导力，随时洞悉社会演化规律并据此设计和调整组织的发展方向，
把握影响组织变迁的关键因素并据此引导和控制组织的发展进程，坚定不
移地塑造和变革组织文化。当然，创建组织愿景不仅仅是企业高层的主观
行为，在愿景建设过程中，组织领导者不仅要十分清楚组织未来的发展蓝
图，而且要引导成员参与思考、对话，深入了解成员对愿景的看法和要求，
提高全体员工对愿景的认同度，才能真正激发员工的热情和潜能。

由此来讲，要将社会责任引入企业的核心理念以及愿景，首先需要的
是从企业的领导力开始，形成一定的社会责任价值理念和核心思想，共同
确认所认同的企业对社会责任定义，在领导层次上形成具体的期望，并使
领导层和员工共同理解什么样的企业是可持续的，并提出建立一个可持续
发展的企业以及为可持续发展做出贡献的社会责任愿景。

2．在战略和计划阶段

企业战略是企业经营管理活动的灵魂。围绕企业的愿景、价值观，制
订科学、严密、可行的战略措施，并转化为系统的实施计划，才能使愿景
真正成为现实。由此来讲，战略和计划是协调企业内部各种经营活动（资
金筹措、资源配置、生产过程、销售过程等）的总体指导思想和基本手段。
它可以在企业内部形成明确的共同思想，有利于充分而合理地利用企业内
部的各种资源（人力、财力、物力、企业声誉等），加强企业内部各部门、
各层次横向、纵向的信息沟通，把企业内部可能出现的冲突减少到最低限
度，从而使企业实现其各项目标的效率达到最优。

由此，企业战略和计划的形成，首先要在愿景和领导决策层次上规定
企业的基本任务和目标，其次是根据基本任务和目标的要求确定企业的具

体目标和行动方案，第三是根据行动计划安排企业的资源计划和业务组合（或产品组合），并确定企业的资源在各业务单位（或产品）上的配置，最后是制订新的业务计划来保证计划任务和未来的业务发展。

3．在执行和绩效控制阶段

企业要实现良性的、可持续发展，除了企业的决策层有长远的战略，善于抓住发展的机遇，有优秀的领导班子等以外，更重要的是要有实现这一战略的执行力。企业的竞争，归根结底是企业核心竞争力的竞争，而一个企业的核心竞争力，即在于其执行力。

要把企业战略、规划、计划转化成为效益、成果的关键就是良好的执行。这是一个自上而下的执行过程。领导者是第一执行力，树立愿景和目标是前提；高层管理者是第二执行力，建立战略和计划体系是核心；中层管理者是第三执行力，建立流程、增强责任心、强调绩效管理是关键；基层员工是最终执行力，执行质量直接关系成果的质量、企业的形象。

对于一个企业来说，战略思想是灵魂，而执行力则是身躯、是企业的手脚。研究认为更重要的是以结果为导向，以提高企业利润为目的，强化企业管理效能的执行力。而执行力的建设也会受到一些因素的影响，因此，在此阶段需要重点考虑一下几个方面的建设：

（1）健全的社会责任管理制度和社会责任管理岗位职责。

（2）明确、详细的工作流程。针对每个岗位和工作环节制定出相应的工作流程。

（3）提高员工的社会责任执行力。主要是员工个人的社会责任意识和管理技能要满足岗位要求。

（4）建立绩效考核和奖罚措施。维持和创造积极的态度和认真努力的作风。

（5）完善监督检查机制。

（6）有效沟通。要牢牢树立这样的理念，执行命令和任务的结果与当初设计的不一致，一定是沟通方面的问题。

4．在变革和创新阶段

在当今快速变化的商业环境中，市场规则不断面临着新的冲击，企业因此也面临如何快速适应环境的发展，管理者也同样面临内外部环境变迁的变革与创新等一系列挑战。从企业社会责任管理的内涵可知，社会责任管理的基础是环境（即管理始终处于不断变化的内外部环境之中，适应环境变化是决定管理成败的重要基础），而环境管理与社会责任管理模式核心体（主体、对象、过程）之间具有相互作用和相互影响的关系。因此，培养和提升管理者变革与创新的能力，成为提升企业的社会责任管理能力，创造社会责任竞争优势的重要内容。

研究认为，培育企业管理者的社会责任管理变革能力需要重点关注以下几个方面。

（1）具备变革的意愿。

营造并且传递变革的紧迫感：管理者要全面理解社会责任发展的趋势以及管理变革的问题、阻力和风险，制订整体"变革策略和计划"，通过建立积极应对社会责任环境发展的竞争意识和计划，营造并传递变革的紧迫感。

持续沟通：制订"沟通策略和沟通计划"，建立管理者与员工的社会责任变革管理双向沟通渠道，增强员工的认知和变革意愿。

（2）培育新环境所需的技能。

管理者支持和表率：制订"管理者参与计划"，确保管理者对社会责任管理变革过程和能力的掌握和支持。

员工参与：制订"员工参与计划"，增加变革管理的共识，降低变革阻力，并获得变革所需的知识和技能。

（3）建立促进变革的机制。

强化培训：根据社会责任管理变革的目标和计划，制订"培训计划"，强化员工的变革参与核心能力和意愿。

考核激励：建立支持管理变革的"考核和奖惩办法"，通过必要的人事安排推进变革，通过控制、激励手段保证变革目标达成，避免传统习惯性反弹。

企业的生命力取决于社会对企业贡献的需要程度和企业本身提供贡献的能力。企业的贡献能力又取决于企业从社会中获取资源的能力、组织和利用资源的能力以及企业对社会需要的认识能力；要提高企业的生命力，扩展企业的生命周期，就必须使企业提高内部的这些能力，并通过企业本身的工作，增强社会对企业贡献的需要程度。从这个意义来看，管理创新的主要内涵和作用，就是企业不断改变或调整取得和组合资源的方式、方向和结果，向社会提供新的贡献。由此，研究认为，培育企业管理者的社会责任管理创新能力，需要重点关注一下几个方面。

管理者要系统了解外部环境变化对企业社会责任贡献的需求，包括：社会文化环境的变迁；经济发展的变化；资源和环境保护的需要；科学技术的发展；利益相关者的关注。

管理者要系统把握社会责任贡献对内部要素的要求，包括：管理者和员工对社会需要变化的认识能力；企业与社会和利益相关者沟通并获取支持的能力；企业将社会和利益相关者支持转化为竞争优势的能力等。

5. 担责制度

企业履行社会责任的战略定位、企业开展社会责任实践的成熟度、企业可获得的社会和利益相关者资源以及实施社会责任行动的方法等，决定了全面推进企业社会责任管理的具体流程。企业社会责任的管理需要有很多行动，而实践中这些行动进展各不相同，并涉及不同群体。企业社会责任层次子系统管理模型为不同的管理层次提供了管理原则和管理职责的框架，模型在一定程度上明确了各个层次的任务和作用，在管理框架的各个层次，为了落实特定的经营目标，企业需要在不同层次配置并强化自然、人力、社会、生产和财务这五种资本，并落实担责制度，才能有效落实社会责任的管理职责和管理绩效。由此来讲，担责制度既是企业成功管理的基础，也是全方位地反映企业影响力和综合资源（职责、方法、资本）配置的表征。

研究认为，在落实企业社会责任管理的每个层次上，企业的所有活动都要使用一种或若干种资本。因此，根据管理模型，虽然各个层次都应当具有各自的管理绩效，但企业最终需要的是整合的管理方法的最终绩效表现，包括使用广义的绩效衡量指标、基于资本议题的跨部门合作以及提升沟通企业社会责任绩效和价值的能力。由此，研究在上述管理职责和管理方法基础上，提出了基于资本的综合绩效原则，如表4-1所示。

表4-1　企业经营所需五种资本的管理绩效

资本特性	责任和要求
1.自然资本 其他资本的生态基础。自然资本不能与其他资本进行交换	（1）了解、监督和管理资源的投入和产出，以及其产生的影响在自然循环和自然系统能够承受的范围内运营 （2）考虑减少资源使用、寻找替代资源、提高生态效率、使用可再生资源、尊重和保护生物多样性等议题
2.人力资本 个体所具备的推进企业成功及发挥个人潜能的能力	（1）使成为健康、积极向上且有技能的劳动者，在学习中从事多样化的、令人感到满足的工作 （2）保证公平的待遇，尊重基本人权和文化差异，提供安全的环境，鼓励个性，有同情心和创造力
3.社会资本 关系、企业、网络、合作和协作关系所带来的价值增值	（1）保持企业在社会体系中运营的资格 （2）致力于社区的发展，道德的采购，一致的社会政策立场，平等纳税，尊重法律，反腐败，采用透明和公平的治理体系

续表

资本特性	责任和要求
4.生产资本 拥有、租赁或控制的固定资产，如产品和基础设施	（1）提高技术、设施和制度的效能，以有效地利用资源 （2）考虑应用闭环制造系统、租用服务、零废弃物和零排放方法、其他可持续的设计
5.财务资本 以可交易的货币形式反映其他资本的价值	（1）透明和道德的财务账目 （2）能反映增加其他资本可能带来的财务价值或"影子"价值 （3）重视非财务指标的重要性

在企业社会责任管理的任何层次和管理的任一阶段，贯彻企业担责制度都是管理模型的重要原则。正如企业社会责任管理系统结构模型中所提到的，企业社会责任本质上就是企业与其周围环境（影响企业或受企业影响的利益相关方与社会）所建立关系的质量。担责制度通过透明的经营资源配置与回应利益相关方诉求和社会期望需求等方式得以落实，并使得企业经营具有社会合法性。

需要关注的是，有效的利益相关方参与能够强化企业的担责制度。在实践中，这就意味着如同环境识别是社会责任管理的基础一样，利益相关方的识别及参与也应该成为企业社会责任管理的前提和基础，并且将其内化于管理过程当中。同时，企业文化对担责制度的执行也是至关重要，担责必须由企业高层领导通过良好的企业治理，并辅以长期目标规划（如愿景）和计划管理（包括价值观管理）以及制度建设的实施和及时沟通，才能发挥成效。这同时包括通过诸如供应链关系、公共关系和商业活动等途径来实现。

二、企业社会责任管理系统对象维构成要素

（一）结构要素与功能

按照企业社会责任管理系统结构的设计，企业社会责任管理的客体即管理对象（或内容），包括利益相关者和社会期望的责任主题，以及识别、确认、承诺这些主题的认知和行动的系统安排。

企业社会责任的对象就是利益相关者影响和社会期望，由于不同企业所面对的利益相关者和社会压力会有不同，因此，管理的内容则是要识别、沟通、确认和回应这些责任主题。

1. 识别利益相关者与社会期望

管理识别至少包括：

（1）识别企业利益相关者。

主要是从利益相关者的权益和影响角度，识别对企业有重要影响的战略性利益相关者以及受企业影响较大的竞争性利益相关者等。

（2）识别社会影响和期望。

从企业的经济属性和社会属性的角度出发，识别与企业息息相关的社会预期。

（3）建立沟通渠道和策略。

即建立与利益相关者和社会公众进行沟通的渠道和措施等。

2．确定责任主题和类型

管理确认至少包括：

（1）确定相关性和核心主题。

不是每个企业与所有的社会期望主题和利益相关者都有直接的责任关系，不同行业会有其特定的主题和利益相关者，因此，企业应当根据自身实际情况，识别和确认这些与自身关系比较重要的利益相关者以及社会责任核心主题等。

（2）确定责任范围和责任类型。

在识和确定利益相关者和社会期望核心主题基础上，企业还需要进一步明确对哪些利益相关者和核心主题承担什么样的社会责任以及采取怎样的措施。

（3）评估 CSR 风险和收益。

企业还应当对上述的识别和确认进行评估，以进一步明确履责行为可能的收益和风险。

3．明确履责策略和责任承诺

管理回应（承诺）至少包括：

（1）建立 CSR 的组织制度和程序。

企业需要建立一套相应的组织管理制度和管理程序，来规范和保障有效的社会责任管理。

（2）建设承担 CSR 的认知和能力。

企业社会责任是一项全员参与并有效实施的管理活动，因此，需要建立全员对企业社会责任的认知水平和履责能力。

（3）公开承诺、发布 CSR 报告。

良好的社会责任表现不仅需要有良好的沟通和计划，还需要有公开的承诺以获得社会和利益相关者的支持与监督，同时也需要积极向社会和利益相关者报告社会责任行为和绩效表现。

（二）管理模型

从企业社会责任管理对象（内容）子系统结构模型不难看出，社会责任对象（内容）的管理主要包括认知和实践应用两个部分。在认知的部分（包括识别、分析和分类）重点是如何准确地识别企业的社会预期和利益相关者，如何对利益相关者的利益和影响进行分析，如何从关系程度和企业发展阶段对利益相关者进行分类；在实践应用的部分（管理、评价）则是结合企业目标函数——"长期价值最大化和可持续发展"的管理需求，统一CSR管理的多元内涵和企业绩效的一致性问题，为CSR管理提出"企业可持续发展"的终极目标。因此，研究认为CSR对象（内容）的管理应当是"以企业可持续发展为总目标，将社会责任和利益相关者的识别、分析、分类、管理和评价等过程要素统一在一起的综合体系"，这个综合体系的核心就是企业可持续发展的目标函数，即围绕终极目标进行管理的基本规则。由此，研究将构建的社会期望和利益相关者识别、分类、管理和评价几个方面的工具性模型进行了整合，共同构成CSR对象（内容）管理的综合模型。

模型以企业社会责任管理目标为核心，系统整合了社会期望主题识别、利益相关者识别、战略性利益相关者分类、利益相关者管理和评价与报告的工具理论，从而成为指导企业管理者理解、掌握和应用社会责任对象（内容）管理的理论基础，也是管理者实现企业长期价值创造目标的有效工具。模型中的单箭头表示管理要素的先后顺序以及循环过程；双箭头表示各个管理要素与管理目标之间的相互作用，或者是管理目标对各个管理要素的控制作用。模型的工作原理表述为：在明确的企业社会责任目标定位基础上，通过将影响社会责任目标的关键因素进行识别，纳入到一个系统的社会责任分析、社会责任管理和社会责任评估与报告的管理模式中，同时与过程维子系统的管理模式相结合，以最终保证社会责任目标的实现。

这种流程式管理模式的主要内容包括社会期望主题识别、利益相关者识别、战略性利益相关者分类、利益相关者管理和社会责任评价与报告等几个方面。

1. 社会期望主题识别

社会责任的本质特征是一个企业将经济、社会和环境问题融入决策中以及对经济、社会和环境问题产生的影响负责的意愿，而履行企业社会责任的基础则是识别社会期望和利益相关者影响并让其参与。由此，企业社会责任的识别既包括识别由企业的决策和经营活动产生影响的经济、社会和环境问题，以及企业针对这些经济、社会和环境问题应该做到的方面；也包括识别由企业的决策和经营活动产生影响的利益相关者，以及尊重和考虑其利益相关者的利益，以促进可持续发展。

企业社会责任识别首先是要了解广泛的社会期望，基本原则是尊重法治和遵守法律约束力的义务，但是企业社会责任更需要遵守的是法律之外的道德行动和承认其他不具法律约束力的责任。这些责任产生于广泛的社会共享道德和价值。

尽管社会责任的期望在不同的国家和文化之间会有所不同，但以上核心主题已经涵盖了企业应当重视的经济、社会和环境影响问题。在识别企业社会责任时，企业需要考虑到每个核心主题所涉及的具体问题，以及遵循对企业影响的程度进行评估。具体的方法在第五章企业社会责任绩效评价中已经做了详细的说明。

2. 利益相关者识别

从社会责任关系模型所示的社会结构"钻石"模型可知，企业作为一个社会组织，必然与社会成员之间存在一系列关系，无论是利益关系还是社会关系，都是建立在社会交往的基础之上。因此，分析复杂社会系统结构中的企业关系网络，即可识别与企业发生关系的全部利益相关者类型。这个概念模型澄清和整合了各种文献中已出现的利益相关者界定的观点，它从社会学的角度提出了管理者能够清楚认识到的利益相关者集体，但识别是否是企业需要关注的利益相关者还需要两个基本的利益相关者识别分析技术这两个基本技术分别为，利益相关者识别技术和利益相关者权益和影响分析技术。

（1）利益相关者识别技术

从利益相关者管理的文献综述了解到，尽管学术界试图完整地表达一种利益相关者的属性分类方法，无论是以"权益基础"和"认同基础"为基础的分析模型，还是以"生命周期"和"价值链分析"为基础理论的分类模型，现实中企业管理者更关注如何识别谁是企业的利益相关者，以及这些利益相关者都有哪些利益诉求和对企业存在哪些影响。利益相关者识别模型是一个比较简单而有效的识别与企业经营活动有关的广泛利益相关者的指导，正如 Alexander 所强调的，利益相关者分析的关键在于识别利益相关者的意图（利益）和对组织的影响，即目标识别和角色分析，这样的分类可能更有利于发现和管理这些有意义的利益团体网。Alexander 在系统边界选择模型（midgley，1992）基础上构建的利益相关者分析洋葱模型，通过围绕产品展开的系统层次分析，以及每一个系统层次所涉及的目标和角色（插件）分析，能够系统地识别和确认不同企业的不同类型的利益相关者。

该模型的构建原理是基于了目标建模与角色分析。所谓目标建模就是识别利益相关者的意图，即"权益基础"的意图和/或者"认同基础"的意图；所谓角色分析则是以"权益基础"和"认同基础"意图为基础的对企业影响的分析。通过这种模型，企业与利益相关者之间的互动很容易被模拟，使利益冲突很容易想象。因此，建立目标和相互作用模型是探讨不同需求的利益相关者和企业之间关系的一种直观的方法，目标模型的结构层次（洋葱圈）不被限制，可以更广泛地探索其社会和交易的互动行为（甚至他们的信仰），所以，它确实是一个有效的利益相关者分析工具。

Bryson 则为该模型的具体应用提供了一个快速而有效的利益相关者识别应用技术。该方法是由一个中心机构来实施，通常是在一个小组的预调基础上再经过大组全体会议讨论，再确定出广泛的利益相关者基础上，进一步理清利益相关者的意见和他们的利益，并明确一些主要的战略问题。该识别技术包括几个步骤：

①脑力激荡潜在利益相关者的名单。

②为各利益相关方准备一个单独的分析工作表。

③在工作表创建一系列用于确定利益相关者认为的标准事项（或企业的利益相关者期望的清单）。

④将企业对每一个利益相关者的表现做出判断，并在工作表中列出。使用彩色表示一个良好（绿色）、公平（黄色）或差（红色）的判断。

⑤识别和记录可以迅速满足各利益相关者期望的措施。

⑥识别并记录与个人利益相关者与群体利益相关者的长期问题。

⑦识别每个利益相关者是如何影响到组织。

⑧确定企业从每个利益相关者需要的支持。

⑨从利益相关者的权力、合法性、紧迫性等考虑他们对组织的重要性，并对利益相关者进行评价。

（2）利益相关者权益和影响分析技术

国外学者 Mitchell 等提出的权力性、合法性、紧迫性利益相关者分析模型为本文的进一步分析提供了理论基础。它为企业利益相关者的权益和影响的过程分析提供了一种技术。如表 4-2 所示。

表 4-2 企业的利益相关者分析模型

识别维度和要素		股东	员工	社区	……
权力性	（利益相关者主导）公司经营活动依赖的利益相关者	√			
	利益相关者在公司的权力				
	（企业主导）依赖于企业的利益相关者		√	√	
合法性	（1）公司和利益相关者的合同关系	强	强	弱	
	（2）利益相关者对公司的权益要求	强	强	弱	
	（3）利益相关者对公司的道德要求	强	强	强	
	（4）利益相关者的风险	强	弱	中	
	（隐含的合法性）（5）对公司有兴趣的利益相关者				
紧迫性	（1）利益相关者要求需要立即引起注意的程度	H	W	L	
	（2）关键性权益或利益相关者关系的重要性程度	H	H	L	

3. 社会期望和利益相关者管理

唐纳森认为，企业的利益相关者管理包括利益相关者的界定、分类和应用三个部分，利益相关者的社会责任分析是分类和管理的基础，流程式管理和管理评价是应用的主要表现形式。现代企业理论认为，社会责任与可持续发展紧密相连，企业的目的就是创造企业的长期市场价值或者叫开明的价值最大化（Jensen，2010）。为了实现企业长期价值最大化和可持续发展，管理者不仅需要满足而且需要争取企业利益相关者的支持。企业利益相关者的关系可以透过协同合作平台发展成整合性的行动，则企业认同的共识度将会提高，可促进群体协同一致的行为，实现良好的组织绩效和组织社会绩效表现（Pestoff，1998）。由此，本书根据上述理论观点，将利益相关者管理和社会责任目标整合到一个管理框架下，在此基础上提出了社会期望和利益相关者管理的结构模型设计思想，具体如图 4-1 所示。

该模型的构建原理是基于佩斯托夫的多元利益相关者组织理论思想和詹森的企业长期市场价值理论以及可持续发展的社会期望观点，以社会责任为管理目标，以利益协同合作平台为基础，以促进有效沟通的合作机制为动力，形成了鱼形结构的管理模型（Fish-shaped structure model）。这个模型的作用是合理地绘制社会期望和利益相关者管理"地图"，明确制定不同，类型的社会期望主题和相关要求以及战略性、竞争性、共鸣性的合作关系为管理者有效实施对社会责任对象的管理。

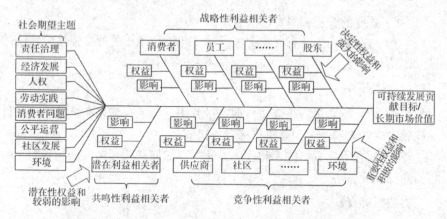

图 4-1　社会期望和利益相关者管理模型（鱼形结构模型）

三、企业社会责任管理系统过程维构成要素

（一）结构要素与功能

按照企业社会责任管理系统结构的设计，企业社会责任管理过程就是协调主体与客体之间管理活动的一组流程和控制策略，主要是通过"过程导向的 PDCA 管理模式"来实现，管理过程的计划、组织、领导、控制职能已经内化在 PDCA 的管理模式中。因此，主体对客体的管理过程主要表现则是策划、实施、监测和改进。

过程导向的 PDCA 管理模式是能够让任何一项活动有效进行的一种合乎逻辑的工作程序，也是开展质量管理活动的科学方法，特别是在质量管理中得到了广泛的应用。研究认为，企业社会责任管理工作同样需要经过计划、实施、检查、调整并不断改善四个阶段。对于管理者来说，这是一个有效控制社会责任管理过程和管理绩效的工具。

1．策划阶段

（1）确定社会责任管理的目标、绩效指标和行动方案。这与社会责任管理的层次维共同形成了"职能——层次维"的交互关系，体现子系统之间的交互作用的协同关系。

（2）确定管理体系策划方案。实施有效的 PDCA 管理需要一个规范的管理体系。

（3）明确职责、权限与沟通。

2．实施阶段

（1）必要的管理体系资源配置。

（2）与利益相关方有关的责任行动。即对利益相关者实施社会责任的具体行动和表现。

3．监测阶段

（1）建立体系运行质量监视和测量方法。包括一系列衡量社会责任目标计划实施效果的监测和测量指标和方法等。

（2）明确数据分析技术和获取方法。即如何获取真实数据和观测实际行为的标准和方法。

4．改进阶段

（1）合规性和绩效评价。包括社会责任行为的合规性、社会责任报告管理的规范性以及管理绩效和管理目标的达成。

（2）纠正措施与预防措施。即在管理过程中有效实施纠偏和预防的策略和措施等。

（3）内部审核策略。包括对管理体系的评审和内部审查等。

（二）管理模型

1．管理体系一般结构分析

有关管理体系结构的研究方法主要有环状分析法、层次分析法、过程分析法三种。目前，与企业社会责任管理相关的管理体系主要有：609001-2008 质量管理体系 ISO 14000-2004 环境管理体系，OHSAS 18001-2007 职业健康安全管理体系、ISO 50001-2011 能源管理体系、ISO 10012-2003 测量管理体系、ISO/IEC 27001-2005 信息安全管理体系、ISO 31000-2009 风险管理标准、ISO 26000 社会责任指南以及国际认证联盟最新发布的 IQ Net SR10 社会责任管理体系要求等几种，综合分析这些管理体系的结构不难发现，新版的管理体系标准均采用了"过程方法"来建立和实施管理体系，如 ISO9001-2008 和 ISO 50001-2011（IQ-Net SR10-2011）。其管理体系标准的主要内容、体系模式和基本过程具有结构相似性特征，如表 4-3 所示。

表 4-3　与企业社会责任管理相关的管理体系标准主要内容对比

ISO 9001-2008	ISO 14000-20M	OHSAS 18001-2007	ISO 50001-2011	ISO 10012-2003	ISO 31000-2009
引言	引言	前言	前言	引言	引言
1 范围	1 范围	1 范围	1 范围	1 范围	1 范围
2 引用标准	2 规范性文件	2 引用出版物	2 规范性文件	2 规范性文件	2 规范性文件
3 术语和定义	3 术语和定义	3 术语和定义	3 术语和定义	3 术语和定义	3 术语和定义
4 质量管理体系	4 环境管理体系	4 职业健康安全管理体系	4 能源管理体系	测量管理体系	4 风险管理原则
4.1 总要求	4.1 总要求	4.1 总要求	4.1 总要求	4 总要求	
4.2 文件要求	4.4.4 文件	4.4.4 文件	4.5.4 文件		
5 管理职责			4.2 管理职责	5 管理职责	5 框架
5.3 质量方针	4.2 环境方针	4.2 安全方针	4.3 能源方针		5.2 任务和承诺
5.4 策划	4.3 策划	4.3 策划	4.4 能源策划		5.3 框架设计
			4.4.5 绩效指标		
5.6 管理评审	4.6 管理评审	4.6 管理评审	4.7 管理评审	5.4 管理评审	
6 资源管理	4.4.1 资源	4.4.1 资源		6 资源管理	5.3.5 资源
7 产品实现	4.4 实施与运行	4.4 实施与运行	4.5 实施与运行	7 过程的实现	6 流程
8 测量分析和改进	4.5 检查	4.5 检查	4.6 检查	8 测量、分析和改进	5.6 监控和检查 5.7 记录过程

2．企业社会责任管理体系构建

（1）企业社会责任管理与相关管理体系的融合策略。从上述对企业社会责任管理相关的管理体系结构分析可以看出，这些管理体系在结构框架上具有高度相似性（基于 PDCA 的过程方法模式），从内在的管理原则和内容相关性分析可以看出，ISO 26000 指南所包含的七个核心主题"组织治理、人权、劳工实践、环境、公平运营、消费问题、社区参与和发展"与"环境、能源、质量、风险、信息安全、测量"等相关体系标准以及全球企业十项原则等具有相互包含和补充的协调性。

（2）企业社会责任管理体系结构模型。由此研究认为，企业社会责任管理体系以 ISO 26000《社会责任指南》和"过程方式"为基础的设计，能够基本达到与企业社会责任 M 相关管理体系整合的目标。CSRM 体系的设计思想，是在满足 ISO 26000 核心主题基本原则和内容的基础上，充分融合已有的相关管理体系基本原则和内容的设计。因此，CSRM 体系设计同时考虑与现有的以及可预见的其他国际标准之间的协调和留有接口，并且支持更加系统和专业化的管理提升。

（3）企业社会责任管理体系基本内容。基于企业社会责任管理体系结构模型，根据 ISO 26000《社会责任指南》标准提供的 CSR 基本原则、核心议题、相关行动或预期的指南，结合中国企业 CSRM 实践的发展，研究提出了对企业社会责任管理体系基本内容的建议，如表4-4所示。

表4-4　CSRM 体系基本内容设计

引言	5.3 责任策划	7.3 确定优先解决主题和问题
1 范围	5.4 责任绩效指标	7.4 确定相关系统及结合方案
2 规范性引用文件	5.5 职责、权限与沟通	7.5 社会责任实践运行和控制
3 术语和定义	6 资源管理	7.6 社会责任报告与审计
4 社会责任管理体系	6.1 人力资源	8 评价和改进
4.1 总要求	6.2 财务资源	8.1 绩效测量和评价
4.2 文件要求	6.3 社会资源	8.2 内部审核
5 管理规划	7 管理过程及相关系统	8.3 纠正预防措施
5.1 责任承诺和目标	7.1 利益相关者识别	8.4 管理评审
5.2 责任方针与战略	7.2 确定核心主题和问题	8.5 持续改进

3. 企业社会责任管理体系实施建议

企业已有的价值观和文化对于将社会责任管理整合到组织管理当中的难易程度和速度有着显著的影响。一个已经将社会责任紧密结合到企业文化、价值观和战略中的企业，其融合的过程可能会相当简单，比较容易建立企业社会责任管理的一体化综合管理体系，以充分获取整体管理的最优化绩效；在尚没有将社会责任融入价值观的企业中，社会责任管理体系建设可能会遇到较长时间的磨合，适宜的做法是先建立单独的企业社会责任管理体系，通过组织内各自相对独立的管理体系间的协同，逐渐培养起共同理念和管理思想，以期在条件成熟时再实施一体化体系的融合。

由此，企业建立社会责任管理体系的初期，重点应放在提高对企业社会责任的认识，对于企业社会责任的理解和承诺应该从企业组织结构的顶部开始，因为它们是影响企业文化、战略和管理方向的重要因素。要充分提升组织人力资源的知识优势和技能，包括企业社会责任管理的能力建设和在供应链上对管理人员和员工的培训。并且，企业还需要完善监测和衡量其管理性能的工具，以及在适当的时间间隔进行绩效评价。

同样重要的是，要认识到整合整个企业的社会责任管理过程并不是一劳永逸的，对所有核心主题和问题也不能以同样的速度来实施，企业需要制订一个社会责任管理计划来统筹短期和较长时期内的一些社会责任实践问题。这种计划应该考虑到该企业的能力、现有的资源和社会责任行动的优先级。

第五章　企业社会责任实现机制

第一节　企业社会责任实现机制的参与主体

一、我国企业社会责任实现机制现状分析

目前，我国企业社会责任实践仍处于起步阶段，企业社会责任绩效普遍较低。要改变这种现状，必须探索建立符合我国国情和企业实际的企业社会责任管理模式和实现机制，形成对企业履行社会责任的硬约束，促使企业最大限度地履行其应有的责任。在政府、企业、社会之间形成合理关系的基础上，通过明确各自的角色定位并相互协作，确保我国企业社会责任的实现机制得以顺利建立和运行。企业社会责任实现机制包括了企业社会责任的激励机制、企业社会责任的外部约束机制、企业社会责任的需求机制、企业社会责任的信息披露机制、企业社会责任管理认证机制以及公司内部治理机制。企业社会责任实现机制的构建需要由政府、企业和社会三方各司其职、相互作用方可完成。在目前阶段，政府应有效地利用法律、经济、行政等手段对企业社会责任进行引导、约束、管理，推动企业有效履行社会责任；企业应强化社会责任意识，将企业社会责任纳入企业战略和日常运营的统一框架中，加强自律，完善公司治理结构和组织结构，实施战略型企业社会责任，不断增强履行社会责任的能力，提高企业社会责任绩效水平。公民社会的发展有助于加强企业社会责任的外部压力，因而有助于刺激企业社会责任管理与发展，它的三个核心群体是非政府组织、新闻媒体和消费者，三者从不同的角度推动企业社会责任实现机制的达成。

目前，在政府、社会、国际组织等力量的推动下，我国多数企业经营管理者已经认识到履行企业社会责任对企业自身发展和整个社会发展的重要性，部分企业开始积极履行社会责任；但从整体情况看，我国企业社会责任实践仍处于初级阶段，企业社会责任绩效仍处于较低水平，制售假冒伪劣、偷税漏税、传递虚假信息、污染环境、强迫劳动、滥用垄断权力等企业社会责任缺失的问题仍较为严重，并严重影响到了社会主义和谐社会的建设。要改变这种现状，不仅需要企业自身的努力，还需要政府、社会、

消费者等主体共同参与、相互促进，建立一套符合我国国情和企业实际的企业社会责任实现机制，引导、推动企业有效履行社会责任，加强企业社会责任管理，提高企业社会责任绩效。

二、企业社会责任实现机制的参与主体

企业经营行为以及企业社会责任行为均是在一定的社会环境下进行的，企业与社会之间存在相互依存的关系。由于经济社会发展的状况在一定程度上是客观存在的，因此，社会环境的改善需要着力从利益相关者与企业之间的关系入手。由于政府具有社会公共利益的维护人和公共事务的管理者的双重身份，而企业承担社会责任的根本目的在于协调企业与社会的关系，促进社会和谐发展，因此，从各种关系看，可以将企业社会责任实现机制的参与主体界定为政府、企业和社会三方。其中，社会又包括了非政府组织、员工、商业伙伴、媒体、社区等除政府之外的其他利益相关者。企业是企业社会责任的承担主体，政府是企业社会责任的管理主体，社会则是企业社会责任的推动主体。

（一）企业与企业社会责任

作为一定社会资源的拥有者和经营者，企业必须承担一定的社会责任，为整个社会的和谐发展、可持续发展做出应有的贡献。企业经营目标不仅仅是股东利益最大化，更应是利益相关者利益最大化。不履行企业社会责任，企业将失去生存的根本条件，企业长远发展注定难以实现。

作为社会责任的履行者，企业经营管理者必须培育社会责任意识，强化企业自律精神和行为，塑造主动承担社会责任的社会形象；企业应通过创新组织文化，完善公司治理结构，建立健全内部管理规章、制度，改善劳动关系，提升履行企业社会责任能力；企业应加强与各种利益相关者的联系和沟通，全面、及时、准确发布企业社会责任信息，准确把握社会对企业的期望，科学制定企业社会责任管理目标和实施方案，为企业发展创造良性的外部空间。

（二）政府与企业社会责任

企业是企业社会责任的承担主体，而政府是企业社会责任的管理主体。在政府、企业与社会三者之间建立合理的关系是构建中国企业社会责任实现机制的关键。在政府、企业、社会之间形成合理关系的基础上，通过明

确各自的角色定位并相互协作，确保中国的企业社会责任实现机制得以顺利建立和运行。

从政府经济学的视角来看，政府与企业是现代社会的两大活跃因素，两者以多种方式相互作用，并对经济行为、经济绩效和居民生活都产生重大影响。例如，廉洁、公平、高效的政府是提高企业效率的关键因素，严厉的法律法规则是保护企业知识产权以及促进企业创新的关键因素，而政府所颁布政策又是企业做出经营与管理决策的重要影响因素。

在企业社会责任的实现问题上，政府如何监管企业直接关系到政企关系的合理性和有效性。作为企业社会责任的管制者，政府的管制作用主要体现在两个方面：引导和管制。政府颁布的政策法规既可以形成企业履行社会责任的压力，又可以引导企业社会责任管理决策和行为。因此，政府对企业的作用既有宏观调控也有直接管制。

（三）社会与企业社会责任

成功的企业需要健康的社会环境。例如，教育、医疗事业和公平的机会对于生产场所是至关重要的；安全的产品和工作条件不但能够留住顾客，更能降低内部事故的发生率。任何试图损害社会的企业最终都会发现它们获得的只是一时的利益。同时，和谐健康的社会同样需要成功的企业。缺乏有竞争力的企业去创造就业机会、进行创新和提供产品或服务，国家和地区竞争力就会衰退，社会就会出现问题，发展也会停滞。

作为企业社会责任的监督者和推动者，社会的监督和推动手段主要是通过非政府组织、新闻媒体等配合政府的引导和管制，对企业履行社会责任的状况进行必要的监督和推动。如典型的监督和推动手段是尝试设立专门负责企业社会责任管理的非政府组织，或是介于政府和企业之间的第三方认证的社会中介性评价和审核机构，定期向利益相关者提供企业相关的业绩证明报告或评价结果。

三、企业社会责任实现机制建立的目标

（一）促进经济增长与社会发展的平衡

政府、企业与社会在企业的社会责任方面共同关注的核心问题是经济增长与社会发展的关系问题。党的十九大报告中提出，我国经济已由高速增长阶段转向高质量发展阶段，正处在转变发展方式优化经济结构、转换增长动力的攻关期。我们必须坚持质量第一、效益优先，以供给侧结构性

改革为主线，推动经济发展质量变革。效率变革、动力变革，激发全社会创造力和发展活力，努力实现更高质量、更有效率、更加公平、更可持续的发展。转变经济发展方式，对我国的发展是有针对性的，就是不能把发展的动力放在增加投资、消耗资源、多占耕地等上面。这种重要调整强调的是在重视增长速度的同时，应更注重发展的质量和效益，走生产发展、生活富裕、生态良好的科学、文明发展道路，避免片面追求经济目标而忽视社会发展。因此，我国企业社会责任实现机制也应当以追求经济、社会和环境的协调发展为最终目标。

（二）实现企业社会责任与企业赢利目标的平衡

企业社会责任的两个困境。一个是合理与合法的困境，即合理并不总是合法的；另一个是企业赢利与社会福利的困境，即企业赢利并不总是提高社会福利。当存在合理且合法、企业赢利且提高社会福利的情形时，企业社会责任就会由市场这只看不见的手实现。[①]因此，企业社会责任实现机制就是要通过制度和机构的设置及相关主体之间的相互制衡，将企业经济行为和整个市场规范在合理且合法、企业赢利且提高社会福利的范围内，尽一切可能根除合理但不合法、不合理但合法、企业赢利但损害社会福利、企业亏损但社会福利增加等情形。这样的环境才最适宜企业社会责任的落实和发展。企业社会责任实现机制的提出是为了实现企业在社会责任和经济利益上的动态平衡，即在企业、政府及社会相互作用的关系中，每一方都同时达到了约束条件下可能实现的利益最大化目标，因而这种状态可以长期持续存在。企业通过经营活动获得利润，从而有能力更好地履行社会责任，尤其是更高级别的道德责任；而企业担负起社会责任、回馈社会的同时，也逐渐提高自身的声誉和品牌影响力，得到政府和社会的认可，这又反过来促进其经济效益的提高。

四、企业社会责任实现机制建立的原则

（一）符合我国国情和企业实际

加强企业社会责任管理，特别是构建企业社会责任体系必须立足于中国的基本国情。从整个社会层面来看，任何社会责任问题的解决总是要消

[①]张维迎. 正确解读利润与企业社会责任[N]. 经济观察报，2007-8-19.

耗一定的社会资源，这些资源要么由企业、政府或第三方组织分别承担，要么由他们共同承担。中国作为一个拥有 14 亿多人口的发展中大国，人口多、底子薄、就业压力大，每年中国新增的劳动力就超过了 2000 万人。在这种地域广阔、城乡和地区发展不平衡的情况下增强企业社会责任不可能一蹴而就，必须立足于我国的基本国情，正确树立我国当前实际的企业社会责任观，深刻认识时代对企业社会责任的要求，准确把握现阶段政府、企业和社会能做到哪些，以及公众最关注哪些，应该提倡哪些。在此基础上构建具有中国特色的企业社会责任体系，促进整个社会资源配置效率的提升。

（二）符合市场经济的要求

在市场经济条件下，宏观调控已从过去的直接计划管理和行政干预转变为间接调节，政府原则上不能直接介入企业的微观商事活动。国家的调控和干预体现在企业社会责任方面，首先应充分尊重企业的自主权，使其成为真正的市场主体，这是保证企业效率和竞争力的重要条件。另一方面，在我国企业社会责任实现机制中，国家通过宏观调控引导企业承担社会责任，绝不是要回到"企业办社会"的老路上去。

第二节　企业社会责任实现机制的建立

企业社会责任作为时代发展和社会进步的产物，体现的不仅是企业主体的态度和行为方式，更是政府和社会主体的态度和行为表达。根据目前我国社会环境的特点，结合西方国家企业社会责任运动的经验和教训，我们将企业社会责任实现机制归纳为企业社会责任的需求机制、企业社会责任的激励约束机制、企业社会责任管理认证机制、企业社会责任信息披露机制以及公司内部治理机制。政府、企业、社会多元参与主体通过互动作用形成上述机制，从而对企业社会责任的实现产生外部和内部的驱动力。

一、企业社会责任需求机制

企业社会责任需求机制是指，通过增强企业利益相关者的企业社会责任意识和行为，提高对企业社会责任的社会性需求，增加利益相关者对企业的压力，促进利益相关者与企业的对话交流和互动合作，以带动企业对社会责任的有效供给。需求意识和需求行为是需求机制的两个基本构成要素，完善需求机制需要强化这两个方面。

当一种行为不需要支付成本或者成本很低时，对行为的管理就容易被忽略。于是，企业社会责任有效需求不足就成了企业内部社会责任管理缺位的"正当理由"。没有企业社会责任需求的推动，缺少对企业社会责任有着相当理解和需求的社会群体，就容易出现企业对社会责任供给不足的问题。利益相关者的压力、对话、互动合作对企业的影响是巨大的，企业回应利益相关者需求的过程，实际上也是逐步履行企业社会责任的过程。近几年，虽然随着国内企业社会责任实践的发展，公众对企业社会责任的需求有所提高，但是总体上有效需求水平仍偏低。因此，要完善企业社会责任需求机制，必须提高政府主体和社会主体对企业承担社会责任的需求意识，从而促进企业社会责任管理意识和实际管理水平的提高。

二、企业社会责任的激励约束机制

正式制度的缺失，特别是激励和约束机制的不健全，是导致当前我国出现企业社会责任缺失现象的根本原因。目前的市场价格机制未能真正反映资源的稀缺程度和生产的环境成本；投资者和消费者在投票选择当中未能充分考虑企业社会责任表现；相关法律法规不够完善；财政政策、货币政策对不同行业的杠杆调节作用不够充分。因此，要推动我国企业履行社会责任，关键是要尽快完善企业社会责任实现的激励机制和约束机制，使企业自觉增强社会责任感，积极主动承担社会责任。

激励机制是在组织系统中，激励主体系统运用多种激励手段、措施并使之规范化和相对固定化，从而与激励客体相互作用、相互制约的结构、方式、关系及演变规律的总和。约束机制是根据业绩及对约束客体各种行为的监察结果，约束主体对约束客体做出适时、公正的奖惩决定，包含对权力的约束，建立较完善的监督机制，对渎职者采取惩罚措施。仅有约束而无激励，企业缺乏履行社会责任的利己动力；仅有激励而无约束，则企业可能因利己而盲目行动，因而两者缺一不可。机制设计理论将前者称为参与约束，后者称为激励相容约束。只有同时满足参与约束和激励相容约束这两个条件，才能构成有助于解决企业社会责任实现问题的机制设计。

（一）企业社会责任的激励机制

无论是法律责任还是环境责任、社会公益责任，在短期内，承担社会责任给企业带来的影响更为突出的是成本的增加。让企业自觉承担社会责任的一个较好的方法就是让企业先体会到此举的好处。因此，需要完善激励机制为企业社会责任的实现提供强大的引导力。如果企业在节约资源、保护环境等方面能够得到正激励，那么每种正激励对一个追求持续性发展的企业来说都是极大的鼓舞。

1. 物质激励

物质激励主要由政府按照市场经济规律的要求，运用价格、税收、财政、信贷、收费、保险等经济手段，通过政府采购、财政补贴、税费优惠，甚至直接资助的办法鼓励企业主动承担社会责任。

（1）政府采购。

在尊重市场经济规律，遵行公开、公平、公正竞争的前提下，将政府工程招标、政府采购订单落实到遵纪守法、责任感强的好企业手中。

（2）财政补贴。

包括对"退出"行为的补贴和"进入"行为的补贴。例如，政府对退出高污染、高能耗的企业给予财政奖励或对进行节能技术改造并取得节能效果的企业给予资金奖励。

（3）税费优惠。

完善《企业所得税法》，对企业增进社会道德水准、进行社会捐赠或其他福利行为方面的非营利性投资从企业所得税中减免；对开发、使用环境资源的纳税单位和个人，按其对环境资源的保护程度进行征税，对于环境友好行为实行税收优惠政策；推行"绿色贷款"，对环境友好型企业或机构提供贷款扶持并实施优惠利率。

此外，还可引入当前国际上比较流行的公私合作（Public Private Partnerships，PPP)模式。例如，中德政府企业社会责任合作项目设立的公私合作基金，就是以非现金方式支持优秀的企业承担社会责任。

2. 精神激励

精神激励包括荣誉、地位、成就感、认同感等方面的激励。精神激励有助于提升企业的社会声誉，为企业带来更多的顾客、更好的员工、更多的合作伙伴、更融洽的社区关系等。例如，设立企业社会责任标兵或者类似奖项，鼓励企业适当从事社会公益活动。

（二）企业社会责任的外部约束机制

约束企业行为的各种条件及其对企业行为的约束作用，构成企业行为的约束机制。企业社会责任的约束机制可分为企业外部约束机制和企业内部约束机制。企业内部约束主要与公司治理有关，鉴于其重要性，置后单独讨论，在此仅讨论外部约束机制。企业社会责任的外部约束机制可分为法律约束、市场约束和行政约束。

1. 法律约束

法律约束包括立法方面的约束和司法方面的约束。立法是国家依据一定职权和程序，制定、认可和变动这种特定社会规范的活动。通过立法，一方面引导企业自觉承担利益相关者责任以增加企业利益相关者责任的自觉供给，如税法规定一定限额内的捐赠可以抵税，这样企业慈善捐赠比股东捐赠更有效率；另一方面强制企业承担利益驱动不足的利益相关者责任，如劳动法关于企业对职工责任的强制、消费者权益保护法关于企业对消费者责任的规定、环境保护法关于企业对公共利益的要求等，都是社会责任的强制供给形式。司法监督是制裁违法和维护权益的最终途径，可通过司法裁决给企业社会责任的实现创造一个公正高效的司法环境。从司法方面看，要加强法律法规的实施工作，使执法程序明确具体；创造健全的法律环境，充分发挥法律的利导性；做到有法可依、有法必依、执法必严、违法必究，使企业通过服从法律规范来承担企业社会责任。

2. 市场约束

市场约束包括供给约束和需求约束。供求约束主要来自投资者和企业员工。企业要正常生产经营必须在市场上获得足够资本，聘用具有各种专长的工人和专业技术人员、管理人员等，任何一种生产要素供应的短缺或垄断，都会影响企业的经营决策，约束企业行为。投资方面，社会责任投资的实施可有力地推动公司履行其社会责任。社会责任投资是指外部投资者根据企业社会责任绩效及企业披露的社会责任信息而做出的投资活动，是一种将融资目的和社会、环境以及伦理问题相统一的融资模式。在英美等发达国家，社会责任投资已经取得了长足发展，并出现了一些适合现代公司治理制度和现代金融市场的社会责任投资工具，如证券交易所开发的企业社会责任指数。员工方面，企业吸引力、社会声望与企业管理、社会责任表现等显著正相关，因此，企业社会责任表现好的企业对求职者的组织吸引力更大，在求职者心目中的声望较高。

需求约束主要来自企业的商业伙伴和最终消费者。商业伙伴对企业社会责任的推动作用主要通过供应链体现，即采购方要求供应方改善生产环境，维护员工权益，提供符合生产守则的产品。消费者的购买决定则直接影响到企业的财务绩效，若市场对不积极承担社会责任的企业产品采取抵制措施，会使企业充分认识到不承担社会责任的严重后果。负责任的企业需要负责任的消费者。

3. 行政约束

行政约束是指政府通过引导、监督的方式形成企业承担社会责任的重要外部约束机制，协调企业利益与社会利益，以间接调控为主的手段，纠正和惩处逃避社会责任的行为，并保证部分由市场和法律约束的社会责任的履行。企业社会责任不同于计划经济时期国有企业"企业办社会"的概念——将企业看成一个行政单位，要求其对每一个员工承担本该由社会承担的福利功能，如企业办学校、办医院、办社区等。因此，行政约束不是以行政命令手段不加分辨地把社会责任强加到企业头上。

三、企业社会责任评价和认证机制

企业社会责任评价和认证机制的功能在于通过对企业社会责任管理和履行情况进行审验、评价并将有关结果向社会公布或提供给特定需要者，以达到辅助决策、监督企业行为等目的。该机制的建立需要解决好两方面的问题：一是谁作为评价主体；二是制定什么样的企业社会责任评价标准体系。

（一）企业社会责任评价主体

企业社会责任的评价主体可以是政府、消费者（第二方）、商业伙伴（第二方）、非政府组织（第三方）和企业自身等。企业自我评价是不可或缺的，通过加强内部审计、评价，有利于企业及时发现问题、解决问题并加强自律。从一定意义上讲，完善企业社会责任信息披露机制有助于加强企业自我评价。但仅有企业自我评价是不够的，企业出于利己的考虑，往往不愿意及时、全面公布评价结果。建立由外部的其他主体主导的企业社会责任评价机制，不仅能够为利益相关者的投资决策（或购买决策、行政决策）提供客观、公正的决策依据，而且能够直接提供企业履行社会责任的动力和压力。目前，在西方国家存在的主要是由非政府组织主导的评价机制，即第三方评价。该种评价机制具有较强的客观性、公正性。在非政府组织不成熟及消费者责任意识普遍缺乏的情况下，政府凭借其公信力也可以充当评价主体。

（二）企业社会责任评价标准

国际上出现的社会责任标准主要出自非政府组织，有社会责任国际（SAD、公平劳工协会（FLA）、服装厂行为标准组织（WRAPP）、道德贸易倡议组织（ETI）和工人权利联合会（WRC）等，这些组织都先后制定了各自的社会责任标准。其中，社会责任国际（SAD 2001 年版的 SA 8000 和 Account Ability 制定的 AA 1000 审验标准影响较大。这些认证标准都是以发达国家的立场、眼光和实际制定的，与我国现状有很大差距，对发展中国家来说，这些标准常常是难以达到的。这就要求我国政府尽快制定适合中国国情的社会责任标准。

对任何一个企业的评价都应从经济、法律、社会和环境四个方面入手，经济指标、法律指标仅仅被认为是企业最基本的评价指标，而关于企业社会责任的评价有多种多样，如道琼斯可持续发展指数、多米尼道德指数、《商业道德》、《财富》等都将企业社会责任纳入评价体系。我国也应该根据自己的国情，建立类似 SA 8000 的认证标准或企业社会责任评价标准体系，把遵守法律、保护环境、促进社会事业发展、社会进步等方面的内容不仅纳入到对企业的评价体系中，同时也纳入到对地方政府的业绩考察当中去，加重环境指标、社会指标的权重。

四、企业社会责任信息披露机制

西方国家对于企业社会责任披露机制的研究和实践由来已久。20 世纪 30 年代产生的强制信息披露（Mandatory Disclosure of Information）主张以政府干预的力量对上市公司的信息披露进行规范。在这种模式下，上市公司要按照有关规定的内容和格式进行披露，并承担相应的法律责任。自愿性信息披露（Voluntary Disclosure of Information）是相对强制性信息披露而言的，是指在强制性披露的规则要求之外，公司管理层自主提供的关于公司财务和公司发展的其他方面相关信息，用以弥补强制性披露模式下信息量不足的缺点，促进上市公司信息披露向完善和真实的方向发展，并且在世界各国都逐步得到重视和认可。

目前，我国企业主要采取的是自愿性披露的方式。有一些企业正通过媒体以发布社会责任报告的形式向社会公布公司履行社会责任的状况，但披露内容还更多体现在企业社会责任的理念方面，披露内容的深度、广度相对于西方发达国家来说还有较大差距。在鼓励上市公司作自愿性的信息披露的同时，我国应制定会计制度要求企业强制披露企业社会责任信息，规定企业社会责任披露最低信息要求，并鼓励社会责任意识强的企业做更多的自愿性披露。强制性社会责任披露制度可以首先在上市公司和出口企业中实施，然后在全国所有企业推广使用，推动全部企业全面履行社会责任。

五、公司内部治理机制

公司治理和企业社会责任之间是一种相互依存、相互促进的关系，完善的公司内部治理机制是企业认真、有效履行社会责任的制度保证，而企业积极承担社会责任的主要表现之一是推动公司法人治理结构的完善和良性发展。

健全企业社会责任的内部治理机制，主要依靠"老三会"，即党委会、工会、职代会，和"新三会"，即股东会、董事会、监事会。首先，允许企业利害关系人参与企业的经营与管理，在这种共同治理的模式下，董事会领导下的经理人员的受托责任不再是单纯维护股东价值，而是维护企业所有资产的价值。其次，在董事会层面设专门委员会负责企业社会责任事项，或在董事会职能中明确董事会要承担企业社会责任，在操作上授权给公司的管理层负责相关事项。最后，增设一些外部独立董事和职工董事。职工董事要履行反映职工合理诉求、代表和维护职工合法权益的职责，充分发挥自己的作用和职责。

股东和员工是与公司关系最密切的利益相关者，公司的运营不能仅仅考虑股东的利益和要求，还必须恰当地考虑职工的利益和要求。在欧洲，公司的社会责任主要是通过职工参与公司决策机制来实现的。例如，在德国、荷兰、瑞典等国家的公司制度中，各有一套独具特色的职工参与公司治理的制度。在我国，职工参与公司治理制度在《公司法》中是有所体现的。例如，《公司法》第52条第2款与第124条第2款均规定："监事会由股东代表和适当比例的公司职工代表组成，具体比例由公司章程规定，监事会中的职工代表由公司职工民主选举产生。"第45条第2款："两个以上的国有企业或者其他两个以上的国有投资主体投资设立的有限责任公司，其董事会成员应当有公司职工代表，董事会中的职工代表由公司职工民主选举产生。"

虽然我国《公司法》中对职工参与公司决策机制做出了规定，却存在几个明显的缺陷，不利于公司对职工实现其社会责任。

第一，"职工监事的具体比例"规定存在漏洞。我国《公司法》中规定职工监事的具体比例由公司章程规定，而公司章程是由股东们制定的，在股东与职工利益存在冲突的条件下，股东当然要尽量压低这一比例，基本上公司监事会中只有一名职工代表。而这样一来，通过职工监事的作用来维护职工利益的愿望就很难得到实现。

第二，职工通过参与监事会来维护自身利益在中国现行的公司治理结构下意义不大。欧洲国家的双层治理结构中的监事会一般是低于股东大会而高于董事会的公司机关。而中国公司的监事会是一个与董事会平起平坐的机关，其职权仅限于消极地监督。因而，在这种治理结构中，我国的职工监事制度远不如欧洲国家的职工监事制度那样有利于维护职工的利益。

第三，我国《公司法》中仅规定国有独资公司及两个以上的国有企业或者其他两个以上的国有投资主体投资设立的有限责任公司，可以有职工董事，而对于其他类型的有限责任公司及股份有限公司则未规定职工董事制度。

因此，为了增强企业社会责任感，需要大力推进职工参与制度。职工参与公司治理，既是人的经济价值的提高，也是缓和劳资冲突以提高公司组织效率的需要。

职工是企业的重大利害关系人，他们对公司有长期的人力投入，并承担了相应的风险，应该有自己的代表参与公司的决策。为了充分发挥职工的主人翁意识，更应当创造条件让职工参与公司法人治理：一是要发挥好职代会及工会在公司中的作用。二是应大力推行董事会、监事会的职工代表制。职工董事、职工监事是职工委派自己的代表，通过股东大会进入公司领导机构，是职工参与企业管理和监督的重要形式，也是职工维护和保护自身合法权益的体现。

第三节　企业社会责任实现机制构建的方法

在政府、企业与社会的关系中，企业社会责任的定位是能够有效维护和增进社会公共利益的润滑剂和媒介物，通过承担相应的公共职责来协调政府、企业与社会之间的关系。而企业社会责任实现机制的构建需要由政府、企业和社会三方各司其职，相互作用方可完成。在企业的外部环境中，政府扮演着极其重要而又特殊的角色，政府是从宏观的角度以引导者和管制者的身份出现，起到自上而下的推动作用；企业从微观的角度通过履行社会责任，承担自下而上的推动作用；而社会则扮演政府和企业之间中介平台的角色，分别向政府和企业传达彼此的意志，把企业、政府与社会之间的多元关系有机地贯穿起来，社会同时是企业社会责任的实施目标和受益者。

一、企业自律

企业社会责任的实践主体毕竟还是企业，企业自身的组织保障和内部制度建设是影响履行社会责任效果的重要条件。因此，企业要修炼内功，更好地承担起相应的社会责任，为整个社会的可持续发展做出贡献。在对企业社会责任实现不力的原因做分析时，我们曾提到企业的社会责任意识和企业的社会责任能力对于企业社会责任实现的影响。因此，企业的自律行为旨在从这两方面去推进。一方面，企业要把强化企业社会责任与和谐发展观联系起来，在经营活动中自觉履行社会责任和义务；要强化自律约束，对自己的经营理念、经营行为进行自我规范、约束和控制。另一方面，企业要建立基于企业社会责任的总体战略和经营战略，将履行企业社会责任与增强企业竞争优势结合起来，不断增强创造财富、回报社会的能力，同时，要完善企业内部治理结构和组织结构，以保证社会责任观念和战略的有效落实。

（一）自觉增强企业社会责任意识

增强企业社会责任意识主要从两个方面入手。一是增强具有社会责任感的企业家精神。企业的行为与企业家个人的操守密切相关，尤其是在我国经济发展中举足轻重的民营企业当中，企业家个人几乎可以完全决定企业的价值取向和未来走向。因此，作为企业家，应正确处理企业、政府与社会的关系，正确处理股东、客户与员工的关系，不只顾眼前利益，深刻感知到履行社会责任是获得长远发展的必要条件，是实现个人更高层次需要的途径。二是增强企业全员的社会责任意识。通过企业文化凝聚优秀的员工，从而使员工对企业价值达成共识，最大限度地提升企业社会责任的执行力。通过组织员工志愿者活动，使全员参与到企业社会责任行动中来。

（二）有效增强企业社会责任能力

1. 建立组织保障

对于社会责任的管理体系，欧美等国普遍给予高度的组织保障，并在战略规划上提到相当明确的位置，设立伦理委员会、伦理热线、建立伦理培训项目。各著名跨国公司都把履行企业社会责任作为实现企业良好公民形象的条件，并且将企业社会责任作为一个制度化、规范化的管理体系，有明确的计划、有专门负责部门、有一定的经费保障、有可操作的规范化的管理程序。而内资企业特别是民营企业在组织制度建设上明显不足。国有控股企业虽然在社会责任管理措施的政策规章方面有更为明确的要求，但在组织保障方面还是明显逊色于外资企业。

内资企业在社会责任管理措施中的组织保障方面可借鉴外资企业的有两种组织形式：正式部门，即企业中设立专门的社会责任管理部门，负责履行企业社会责任方面的义务；即需团队，即企业中没有专门的社会责任管理部门，但在履行企业社会责任时将会临时组织一个团队来进行相关的活动。

2. 实施企业社会责任战略

社会责任应当是一个主动和自觉的过程。因此，企业承担的社会责任必须纳入到企业的战略规划中。如果企业能够用战略的眼光来看待企业社会责任，那么，企业社会责任既可以解决社会问题，也能为企业带来竞争优势。

在战略管理中，任务陈述是制定战略的基础，它表明了企业存在的社会目的及价值。企业应在任务陈述中有效表达对社会责任的态度，从而奠定企业对社会责任问题及早采取行动的基本策略。其次，企业应明确，承担什么样的社会责任，对企业的经营方向、组织结构、用工制度、利润分配等都有不同程度的影响，必须根据变化了的企业内外社会环境制定具体的社会责任目标。企业应视情况而定，有选择性地策划和实施社会责任，设定确定的、可测量的目标。

在经营战略上，企业应拓展更多商业机会，从一开始就把对社会和环境的关心整合到经营战略中，结合公司的使命、战略、价值观、服务领域有选择性策划和实施公益事业。这是促进企业创新和获取竞争优势的关键，也是企业增强履行社会责任能力的关键，因为倘若企业无法在市场竞争中立足，甚至亏损、破产，那么不仅连基本的经济责任都无法实现，更不要谈道德责任了。企业应该选择少数适合自身价值观的战略性重点领域；挑选可以支持企业经营目标的社会活动；选择与自身的核心产品及核心市场相关的主题；支持可以为实现营销目标提供机会的主题；评价不同主题对陷入危机或面临国家政策变动时提供积极支持的潜力；让更多的企业部门参与选择过程，以便为支持计划的实施打下基础；承担那些社区、客户和员工最关心的主题。

3. 完善企业内部治理机制

企业社会责任要落到实处，就必须落实到企业的治理环节中。有效的公司治理结构应该包含企业社会责任的承担与实现机制，能够在企业面临决策时，综合考虑到利益相关者的利益，使决策行为符合企业利益相关者价值最大化原则，这样，企业的行为就是可以预期和控制的。从整个社会来看，只有企业具备了这样的公司治理结构，才能形成实现社会责任分担的微观基础。在这个基础上，政府就可以运用宏观调控手段，制定相应的公共政策，引导企业承担相应的社会责任。因此，企业内部治理结构的调适是实现企业社会责任的基础。

首先，允许企业利害关系人参与企业的经营。因为企业除股东外，事实上还有其他利害关系人，包括企业经营者、企业员工、主要供应商、主要债权人。在这种共同治理的模式下，董事会领导下的经理人员的受托责任不再是单纯地维护股东的价值，而是维护企业所有资产的价值。

其次，在董事会层面设专门委员会负责企业社会责任事项，或在董事会的职能中明确董事会要承担企业社会责任；在操作上，授权给公司的管理层负责相关事项。

最后，增设一些外部独立董事和职工董事。增设外部独立董事，可以从更加客观、公平、独立的立场对企业的经营管理进行监督和评价，促使企业履行对各利益相关者的责任承诺。增设职工董事，让员工参与公司重大决策，反映职工合理诉求，代表和维护职工合法权益。

二、政府管理

在西方发达国家，企业社会责任并不完全是靠企业家自身的觉悟形成的，而是靠市民社会的基础和各种社会运动的推动发展起来的。但是在中国，目前缺乏推进企业社会责任的社会基础和各种社会力量，既缺少公民社会的基础，又缺乏社会运动的推动。在这样的条件下，政府对企业社会责任的推动就显得更为重要。政府应发挥主导作用，转变职能，为企业履行社会责任创造良好的社会环境和政策环境。

（一）经济手段

让企业自觉承担社会责任的一个较好的方法之一就是让企业先体会到社会责任的好处。政府可以按照市场经济规律的要求，运用价格、税收、财政、信贷、收费、保险等经济手段，影响市场的主体行为，通过财政补贴、税费优惠，甚至直接资助的办法鼓励企业走出第一步。具体来说，经济手段包括以下几个方面。

1. 绿色资本市场

在间接融资渠道，推行"绿色贷款"，对环境友好型企业或机构提供贷款扶持并实施优惠利率，对污染企业的新建项目投资和流动资金进行贷款额度限制并实施惩罚性高利率；在直接融资渠道上，研究一套针对企业社会责任表现的投资制度，包括资本市场初始准入限制、后续资金限制和惩罚性退市等内容的审核监管制度。

2. 环境收费

提高排污收费水平，在资源价格改革中充分考虑环境保护因素，以价格和收费手段推动节能减排。

3. 绿色税收

要对开发、保护、使用环境资源的纳税单位和个人，按其对环境资源的开发利用、污染、破坏和保护的程度进行征收或减免，对于环境友好行为实行税收优惠政策，对环境不友好行为，建立以污染排放量为依据的直接污染税，以间接污染为依据的产品环境税。

4. 排污权交易

利用市场力量实现环境保护目标和优化环境容量资源配置，降低污染控制的总成本，调动污染者治污的积极性。

5. 生态补偿

这项政策不仅是环境与经济的需要，更是政治与战略的需要。要完善发达地区对不发达地区、城市对乡村、富裕人群对贫困人群、下游对上游、受益方对受损方、高污染高能耗产业对环保产业进行以财政转移支付手段为主的生态补偿政策。

6. 绿色保险

其中环境污染责任保险最具代表性，一方面由保险公司对污染突发事故受害者进行赔偿，减轻政府与企业的压力；一方面增强了市场机制对企业排污的监督力量。

7. 绿色贸易

针对发达国家越来越多的绿色贸易壁垒，改变单纯追求数量增长，而忽视资源约束和环境容量的发展模式，平衡好进出口贸易与国内外环保的利益关系。

（二）法律手段

1. 立法

立法是国家依据一定职权和程序，制定、认可和变动法律这种特定社会规范的活动。政府制定的法律直接影响着企业社会责任，一方面通过立法引导企业自觉承担利益相关者责任以增加企业利益相关者责任的自觉供给。如税法规定一定限额内的捐赠可以抵税，这样，企业慈善捐赠比股东捐赠更有效率。另一方面通过立法强制企业承担利益驱动不足的利益相关者责任。如劳动法关于企业对职工责任的强制、消费者权益保护法关于企业对消费者责任的规定、环境保护法关于企业对社会公众责任的要求等，都是利益相关者责任的强制供给形式。对于企业利益相关者责任的需求，法律的作用也是双方面的：一方面，相关法规中的责任条款可以使企业利益相关者的损失得到补偿；另一方面，法律对弱势利益相关者的救济可以增强利益相关者的谈判力，并强化其对企业利益相关者责任的需求。

国家通过立法规定公司社会责任，为公司承担社会责任提供依据，为行政机关公正执法确立准绳，当然也为违法行为预置了国家强制力。近年来，我国出台了多部有关企业社会责任的法律，如《公司法》《职业病防治法》《劳动法》《工会法》《安全生产法》《环境保护法》等，都对企业社会责任的具体事项做了详尽的规定。

然而，与社会责任的要求相比，我国的法律体系仍需要进一步完善。从立法方面推进企业社会责任法制化、规范化，必须依靠多个法律部门共同确认，整合法律资源，梳理目前与中国企业社会责任相关的法律，为企业社会责任实现机制的构建搭建一个平台。需要分析哪些条文有利于推进企业社会责任，哪些条文需要改进，如关于董事义务的界定，我国《公司法》采用了传统立法态度，"董事、监事、经理应当遵守企业章程，忠实履行职务，维护企业利益"，即仅仅将董事看作股东的代理人，仅对企业利益、股东利益负责。为了强化企业社会责任，在今后立法中应强调，企业除了营利之外，还必须承担社会责任；企业董事也不仅仅是股东的代理人，而且是非股东利益相关者的代理人或受托人；明确规定公司董事会应增设职工董事，并规定其所占比例、职责和履责管理办法。需要我国政府继续抓紧修订已不完全适应现实需要的自然资源法律法规和环境保护法律法规。制定空缺的法律法规，加强综合性环境与资源法律法规的制定和研究，扩大环境与资源保护法的调整范围，加大其调整力度。

2. 司法

司法监督指的是制裁违法和维护权益的最终途径，通过司法裁判给企业社会责任的实现创造一个公正、高效的司法环境。好的法律要得到严格的执行才会产生足够的震慑力，否则便会成为一纸空文。目前，政府面临的一个重大挑战是执法不严，一些法律的执行效果不能令人满意。原因是多方面的，有执法队伍的问题，也有法律本身的问题，也有制度设计的问题。但不论什么原因，政府都需要加大执法力度，迫使企业不得不履行某些责任。

从司法方面要加强法律法规的实施工作，使执法程序明确具体。创造比较健全的法律环境，充分发挥法律的利导性，做到有法可依、有法必依、执法必严、违法必究，使企业通过服从法律规范来承担企业社会责任。

集团诉讼为企业社会责任的实现提供了一种新的思路和模式。所谓集团诉讼，又称集体诉讼，即当事人一方为一个庞大集团的诉讼。为了保护处于相同情况下的一大批受害人的合法权益，便于众多当事人进行诉讼，便于法院审理这类案件，民事诉讼法规定了代表人诉讼制度，集团诉讼是代表人诉讼的重要形式。在中国，近几年来，企业与社会公众在证券投资、产品责任、环境污染、消费者权益、公平竞争、劳工权益等方面的群体性纠纷不断发生，有相当部分案例所涉的权利主体规模较大、分布比较分散且力量单薄，通过集团诉讼的方式解决此类问题有较强的针对性，能够更为有效地促成企业社会责任的实现。

除了集团诉讼之外，为强化企业社会责任的司法监督，还应该设置公益诉讼程序。公益诉讼是指特定的国家机关和相关的组织和个人，根据法律的授权，对违反法律法规，侵犯国家利益、社会利益或特定他人利益的行为，向法院起诉，由法院依法追究法律责任的活动。企业社会责任的指向有很大一部分不是针对某个具体对象，而是针对社会公共利益，处于无保护状态下的公共利益比私人利益更容易受到侵害，因此，进一步完善公益诉讼程序，超越诉讼主体必须存在直接利益相关者的限制，可把那些制造社会危害又未受到追究的企业置于恢恢法网之下。

（三）行政手段

1. 直接介入企业社会责任

政府直接介入企业社会责任管理，倡导企业实施企业社会责任，可从以下几个方面入手。

第一，由政府相关部门会同国际国内各种非政府组织和媒体，发起或参与一些社会责任相关的活动以及培训，表明政府对企业社会责任积极推进的立场。

第二，倡导企业积极应对跨国公司的社会责任标准要求，要求国内企业转变经济增长方式，关注可持续发展、和谐社会及环境问题，通过实施企业社会责任提高中国产品的国际竞争力。

第三，加强与有关国家和相关组织的合作，共同推动中国的企业社会责任管理事业，妥善解决世界产业链中中国企业社会责任管理成本的合理分担问题，要求跨国公司应当考虑与中国供应商共同承担社会责任成本，而不能一方面要求中国中小企业改善劳动条件，一方面却在采购合同上一味压低价格。

2. 间接引导非政府组织等社会力量

非政府组织等其他社会主体作为与政府和企业并存的第三方，具有主体广泛，行为相对独立、公正、灵活等特点，而且是企业行为的直接受用者，所以它们更加关注企业社会责任问题。在我国，这些主体尚未形成独立制约力量，所以，政府应当促进其存在的多样化、合法化、职业化程度，将其权力提升到法律层面，确保其监督、制约的力度，从而淡化政府代言公众的功能，也可以弥补政府因与利益集团形成利益同盟而忽视公众利益的缺陷。

三、社会推动

公民社会的发展有助于培育企业社会责任的外部压力，因而有助于刺激企业社会责任的发展，它的三个核心群体是消费者、新闻媒体和非政府组织，三者从不同的维度促进企业社会责任实现机制的达成。

（一）消费者的推动

在《WTO 经济导刊》公布的"中国企业社会责任十大事件"评选结果中，中国消费者协会发布的《良好企业保护消费者利益社会责任导则》名列榜首。消费者是一个特殊群体，其消费决定直接影响到企业的财务绩效，他们的行为对企业有十分重要的导向作用，因而在企业社会责任实现机制的构建中占据重要位置。

（二）新闻媒体的推动

我国企业社会责任实现机制的一个重要内容之一是企业社会责任的激励与约束机制。在这个机制的构建过程中，除了政府以外，新闻媒体由于其特有的公信力与覆盖面，能够在最短的时间内造成各种社会舆论效果，产生最大的影响力和社会效益。新闻媒体应主要发挥如下三个作用。

1．宣传作用

鉴于企业社会责任在我国的现状，新闻舆论应该加大对企业社会责任的宣传和引导工作，逐步澄清企业社会责任承担方式、内容和意义，引导公众对于企业履行社会责任的现状的理解和认识，为在全社会范围内建立企业社会责任制度发挥应有的作用。

2．激励作用

新闻媒体可以通过颁奖、评选等形式，对于那些在社会责任方面做得好的企业充分表扬，帮助其提升公众形象，促使更多的企业参与企业社会责任运动。在这方面，新闻媒体应当注意努力做到这些活动的公正与公开，使这些奖项和排名能真正有意义；同时，致力于传播企业社会责任的最佳履行方法，让更多的企业懂得如何履行企业社会责任。

3．监督作用

现代社会赋予了媒体舆论监督职能，媒体拥有有效的话语权，将有关企业社会责任的事实交给公众，引起公众积极的社会舆论，就起到了监督的作用。

（三）非政府组织的推动

非政府组织（NGO），一般被认为是非政府部门的协会、社团或其他非营利性组织。随着"小政府，大社会"理念的日益深入人心，非政府组织将在公共利益的维护方面发挥更大的作用，因此，在企业社会责任管理领域方面的潜能也还有很大的上升空间。我们认为，与中国企业社会责任的实现密切相关的非政府组织有行业协会和本身即以企业社会责任管理为工作重点的特殊机构。

行业协会的基本职能是在政府宏观管理和企业微观经济活动中间发挥桥梁和纽带作用，传达政府意图，反映企业要求，协调企业行为，在企业社会责任的实现的职责和作用主要体现在三个方面。

第一，对企业进行约束，利用行业协会自愿与强制相结合的民主机制，运用行规的作用，发挥其自律和监督职能，对成员企业的行为进行约束。

第二，制定行业标准，为行业内的合理竞争、有序发展以及国际市场的扩展创造条件。我们在前面的分析中提到过，目前企业社会责任标准很多，但并不完全适合我国国情和企业实际，需要建立起一个有效的企业社会责任认证机制，这项工作一个重要的承担主体就是行业协会。

第三，发挥沟通作用。向上与政府沟通，提供信息，反映群体需求；促进本行业成员间的对话和合作成员；制定维权准则，在具体的侵权案件中，通过协会直接给受害者以支持诉讼等方式参与。

本身就是以企业社会责任管理工作为出发点的非政府组织，则需要深入了解中国国情，合理干预企业社会责任，但不应对企业正常的生产经营秩序造成干扰。需要获得企业对自身工作的支持，加强与企业的联系与合作。例如，我国第一个水污染公益数据库"中国水污染地图"，就是由环保领域的非政府组织与中国环境问题研究中心共同制订的，记载水质信息、排污信息以及污染源信息的电子地图，这是专门化的非政府组织推动企业履行社会责任的一个典范。

第六章　企业社会责任与产品质量管理

第一节　企业社会责任与产品质量管理的关系

一、质量管理思想与企业社会责任

（一）质量的伦理道德基础

在克劳斯比（Philip Crosby）、戴明（William E.Deming）、朱兰（Joseph H.Juran）和石川馨（Ishikawa Koaru）的质量管理思想体系中，都可以找到一些有关企业社会责任和产品质量极其密切地联系在一起的重要事例。克劳斯比（Philip Crosby）曾论及这两者的一致性：企业高级管理人员首先要考虑的是消费者是否已经得到了企业承诺的好处；其次要坚信，只有当所有员工与企业管理人员步调一致时，企业才会兴旺发达起来，这时企业高级管理人员才能确信，消费者和员工将会获得应有的尊重。

戴明（William E.Deming）特别指出，在企业员工中要提倡打破障碍、"摆脱恐惧"，尽力去提出问题和表述观点，鼓励每个人以自己的技能和实现自我改进的业绩而感到自豪。戴明还推崇一种企业氛围，即管理者、员工和消费者之间的相处都要遵循伦理道德规范。按照戴明的理念，企业制度，尤其是报酬和奖励机制，必须是用来提升企业的价值而不是增加矛盾。这种充满伦理道德的社会责任文化最终将提高企业的社会形象。

朱兰（Joseph H.Juran）也曾说过，价值、信仰和行为体系对企业的发展是非常重要的。企业要得到社会的公认，就必须关注员工的工作情况和满意度。

石川馨（Ishikawa Koaru）为推崇社会责任而发表过非常中肯的观点，他认为企业首要考虑的问题应该是与员工和谐相关的事。如果员工在工作中感到厌恶，那么企业也就不值得存在下去了。

美国质量协会（ASQ）的道德规范的条文规定：会员要承诺"运用他们的知识和技巧，致力于人类社会安定的进步事业，投身于提高产品的安全性和可靠性的公众服务活动"。

里奥纳多和麦克亚当（Leonard&Mc Adarm）也认为，只有在这样的道德规范基础上，才能建立起企业的社会责任和领导层的职责模式。如果企业的道德标准降低，全面质量管理成功的机会也会减少。如果管理者违背了他们对员工的承诺，同样也会使员工为违背对顾客承诺的行为找到借口。如果管理者为自己设置过多的短期利益，那么员工也就不会有动力去考虑顾客的长期满意度。

在一个成功的企业社会责任体系中，质量是一种固有的特征。美国质量协会主席利兹·凯姆（Liz Keim）指出：我们已目击到的那些企业垮台的事件提醒我们，如果我们对质量和道德规范问题光说不做，那我们就要承受长期的痛苦的后果。

（二）质量管理的环境的四个关键因素

以下四个关键因素组成了质量管理的环境：质量工具和技术，包括解决疑难问题的 ISO 9000 和 ISO 14000 管理体系；质量模式，用来协调和控制质量的工具；企业战略，为达到企业目标而建立的指导方针和手段，可以使质量工具和质量模式融为一体；哲学体系，这是质量管理的核心和最重要的要素。建立在戴明、朱兰和其他质量大师教育思想上的哲学体系，使得质量管理成为唯一能驾驭商业理论和实践的工具。它影响和指导着组织价值的构成以及企业的远景目标和宗旨的制定。它形成了质量的基础——道德规范或者企业社会责任。

（三）企业社会责任会影响企业的品牌和形象

实际上企业社会责任的理念在质量体系中已经应用多年，并且得到了社会的日益重视，这足以证明它的实用性和有效性。确切地说，质量提供的是"具有竞争力的产品、优良的服务和持久耐用的品质，并能在最短的时间内以最低的成本向市场提供产品"，同时企业社会责任还强调人的尊严、工作满意度、企业和所有相关人员特别是员工之间的长期相互信任等。

（四）CSR 与 ISO 9000 和 ISO 14000

里奥纳多和麦克亚当在谈到 CSR 与 ISO 9000 和 ISO 14000 的关系时，认为已经实施相当一段时期的环境管理标准 ISO 14000 已经具备了实行 CSR 的结构方法。实际上，ISO 19011 标准已经把 ISO 9000 和 ISO 14000 的审核活动融合在一起。ISO 19011 反映了这两种标准之间的紧密关系；同时，它也反映了环境管理系统对质量管理的重视正日益加强。

二、产品质量保证是企业应该承担的重要社会责任

产品质量是指产品的使用价值，即产品的有用性。尽管具体产品的质量特性或多或少存在差异，但从性质上可归纳为性能、可信性、安全性、适应性、经济性和时间性六个方面。而在企业所承担的社会责任中，我们认为，产品质量保证是企业社会责任的基本体现，或者说是最根本的要求。质量是通过道德的方式超越经济效益，企业不仅只有创业目标，更要考虑社会和环境问题；融合社会责任与质量管理是商业成功的一种新方法，对于每一个公司，做好质量管理和社会责任才能确保一个可持续的未来。

（一）新的消费观念更加重视产品质量

随着经济社会的发展，消费需求和消费观念发生了重大的变化，消费者不仅要求企业能提供满足各种生活需要的多元化产品，同时还要求企业提供的产品质量是优良的。产品的有用性决定了企业能否进入市场或扩大市场，产品质量问题在这种新的消费趋势下成为了企业可持续发展的首要问题。

（二）我国企业的产品质量问题相当突出

近年来，我国食品安全事件频频发生，"舌尖上的中国"正在经受食品安全问题的严峻考验。广大消费者越来越担心口中的食物，往往谈"食品安全"色变。目前我国企业的产品质量问题突出表现在以下几方面，这里我们进行具体说明。

1. 安全性能差

产品的安全性是产品质量高低的一个重要特性，特别是直接涉及人身健康和财产安全的产品，其安全性就更为重要。2021年国家质量监督检验检疫总局共抽查了16021家企业生产的17020批次产品，产品抽样合格率为88.9%。从近5年的抽查情况看，产品抽样合格率分别为87.7%、87.6%、87.5%、89.8%和88.9%，整体呈现稳定上升态势，2021年比2020年下降了0.9个百分点。从实施市场准入管理的产品抽查情况看，全年抽查了39种实施工业产品生产许可证管理的产品，覆盖6222家企业的7279批次产品，产品抽样合格率为89.8%。抽查了26种实施强制性认证管理的产品，覆盖2637家企业的2684批次产品，产品抽样合格率为90.1%。生产许可证产品

和强制性认证产品抽样合格率均超过全年总体水平。从企业生产规模来看，全年抽查的大、中、小型企业数分别占抽查企业总数的 13.7%、20.8%和 65.5%，与往年抽查比例相当，产品抽样合格率分别为 95.3%、92.0%和 86.3%，与 2020 年相比均有不同程度下降，占产业主导的大、中型生产企业产品质量基本稳定，小型生产企业数量多，产品抽样合格率相对较低。从抽查地区分布来看，东部地区产品抽样合格率为 89.2%，同比上年下降了 0.9 个百分点；中部地区产品抽样合格率为 87.3%，同比上年下降了 2 个百分点；西部地区产品抽样合格率为 89.3%，同比上年提高了 0.5 个百分点。东、中、西部地区产品抽样合格率水平基本持平。产品质量安全是指产品的质量符合顾客的要求，不会导致顾客拒绝购买和不满。当产品质量低于顾客的要求时，销售就会受阻。当产品质量有重大隐患导致顾客利益受损时，产品不仅无法实现销售，还会威胁到生产企业的生存。

2. 使用寿命短

根据 GJB451A-2005 的定义，使用寿命是"产品使用到无论从技术上还是经济上考虑都不宜再使用，而必须大修或报废时的寿命单位数"。更具体一些，产品的（可）使用寿命是指从产品制造完成到出现不能修复（或不值得修复）的故障或不能接受的故障率时的寿命单位数。使用产品寿命是指产品保持既定特性满足需要的时间，它主要是针对耐用品而言，是衡量产品质量高低和经济性的一个重要指标。我国产品的使用寿命短主要表现在首次故障时间短、可维修性差、报废早等问题上。

3. 科技含量低

我国产品科技含量低的突出表现就是高新技术产业产值占工业总产值的比重太低。2020 年全国高新技术产业工业总产值超过 20 万亿元，工业增加值占同期全国第二产业增加值的比重达 12.4%；2021 年，我国国家高新区队伍扩容至 305 家，营业总收入达到 28.1 万亿元，工业增加值占全国工业增加值的 13.6%。由于我国产品的科技含量低，造成产品在国际市场上缺乏竞争力，在国际大分工中，占据的大多是高能耗低产出的产业链，严重抑制了本国经济的可持续发展。

4. 产品的标识不规范

产品标识是用来识别产品及其质量、特征、特性和使用方法等的各种标识的统称。一般情况下，产品的标识是通过产品的标签作为文字、符号、数字、图案及其他说明性的标识载体，标明产品的质量、特征、特性或使用方法。然而，市场上的很多产品却经常被发现，在产品标识上，有的未标明产品的生产日期和有效期；有的无厂址，无中文警示说明；有的未标明产品的执行标准或标注内容与实际不符；更有甚者，还在上面标有欺诈性或误导性的说明。产品标识的不规范固然有法规宣传不力，使企业对产品标识的要求不清楚的原因，但最主要的还是因为企业的质量意识淡薄，未对产品标识的重要性予以足够的重视。

三、产品质量管理有助于企业承担社会责任

国际标准 ISO 8402(1994)中对质量管理的定义是："确定质量方针、目标和职能，并在质量体系中通过诸如质量策划、质量控制、质量保证和质量改进使其实施的全部管理职能的所有活动。"该定义包括了以下几层意思：

第一，质量管理是各级管理者的职责，但必须由最高管理者来领导。质量管理的实施涉及组织中的所有成员。一个组织要搞好质量管理，应加强最高管理者的领导作用，落实各级管理者职责，并加强教育，激励全体职工积极参与。

第二，质量管理包括下述管理职能中的所有活动：确定质量方针和目标，确定岗位职责和权限，建立质量体系并使其有效运行。

第三，质量管理是在质量体系中通过质量策划、质量控制、质量保证和质量改进一系列活动来实现的。企业可以通过建立和健全质量保证体系来实现质量管理。

第四，应在质量要求的基础上，充分考虑质量成本经济因素。质量管理是企业管理的重要组成部分，是企业围绕着质量而开展的计划、组织、指挥、控制和协调等所有管理活动的总和。质量管理必须与企业的其他管理活动，如生产管理、经营管理、财务管理、人力资源管理等紧密结合在一起，才能实现质量目标，并保证企业目标的实现。

质量管理是以满足消费者的需要，以提高顾客满意度为根本目标，企业的目标从单纯的利益最大化转变为确保包括顾客在内的各利益相关者的利益。产品质量管理的有效实施有助于企业承担社会责任。

(一)产品质量保证是企业生存和发展的基础

产品质量是企业的生命，企业生产的产品是否能得到消费者的认同决定了企业能否生存和发展，提高产品质量是保证企业经济效益和社会效益

不断增长的源泉。吴迎春（2006）认为，产品质量提高可以扩大市场占有率，从而增加生产，增加销售，最终可以提高经济效益；产品质量提高，产品就可以较高的价格出售，从而给企业带来更多的利润，提高经济效益；产品质量提高，有利于企业资源优化配置和充分运用，从而减少消耗，降低成本，以最经济的手段生产出顾客满意的产品，为企业经济效益的持续提高奠定基础。

（二）产品质量保证是企业社会责任的保障

企业社会责任按照利益相关者理论即是企业对其利益相关者负有社会责任。所谓利益相关者是指"与企业的经营活动和经营绩效有利益关系的人或团体"，如企业的股东、员工、消费者、行业协会、社团组织、合作伙伴、政府等。

企业对其他相关者的利益，是以质量为保障的，没有质量就没有顾客，就没有市场，就没有生存的空间。就一个企业来说，顾客所要求的不仅仅是产品质量，还要求服务质量、形象质量，还有交货准时、价格合理等要求；对广大消费者来说，需求是多方面的，既有生理需求，又有心理需求；对员工来说，要得到合理的工作岗位，其劳务投入能得到合理的回报，希望有好的人际关系，得到生理和心理满足；对商务合作伙伴来说，不仅能在合作中获利，还希望长期维持业务关系；对社会来说，要求企业遵守国家有关法律法规，并履行纳税义务，为社会做贡献。企业要达到上述要求，质量是关键，质量是保障。反之，没有较好的质量保证，企业承担社会责任就是一句空话，也就不能落在实处。因而，较好的产品质量是企业社会责任的保障。

（三）提高质量可以提升企业素质，进而有助于企业社会责任的实现

企业承担社会责任表明，企业对社会，对消费者，对环境等都负有一定的责任，从某种意义上讲，这是企业素质高的一种最集中的表现。产品质量是企业生产经营活动的综合成果，是企业对各方面工作质量的综合反映。企业提高质量的过程，实际上就是提高企业每个部门和每个岗位工作质量的过程。因此，提高质量不仅能有效地促进企业的计划管理、生产管理、劳动管理、物资管理、设备管理、财务管理等各方面工作的改进，同时还能从根本上改善企业管理，全面提高企业素质，从而有助于企业社会责任的实现。

第二节　企业应当承担的产品质量保证的社会责任

一、企业应承担的质量责任

产品质量管理是企业管理的重要组成部分，企业的质量责任指的是，企业在承担社会责任时，在产品质量上必须为行为负责。

（一）对产品质量本身

1. 产品的可靠性

可靠性是指产品在规定的条件和规定的时间内，完成规定的功能的能力。产品的可靠性是与规定的条件分不开的。这里所说的"规定的条件"，包括使用时的应用条件和环境条件，其中有气候因素（如温度、湿度、气压）、机械负载（如振动、冲击、加速度）、使用因素（如工作时间、供电电压），以及辐射条件、维护条件等。"规定的时间"是指产品预定寿命，在寿命期内，产品应能完成规定的任务。"规定的功能"是指产品应具备的技术性能指标。产品的质量指标是产品技术性能指标和产品可靠性指标的综合。仅仅用产品技术性能指标不能反映产品质量的全貌，只有既具备优良的技术性能指标又具备经久耐用、充分可靠、易维护、易使用等特点的产品，才称得上是一个高质量的产品。可靠性指标和技术性能指标最大的区别在于：技术性能不涉及时间因素，它可用仪器来测量；可靠性与时间紧密联系，它不能直接用仪器测量，必须进行大量的试验分析和数学计算。

2. 产品的安全性

产品的安全性是指产品使用过程中的安全情况。其中，造成人员死亡、职业病、设备损坏或财产损失的一个或一系列意外事件叫事故，不发生事故的能力叫安全性。可导致事故的状态叫危险，导致某一种危险的事件发生的总可能叫危险的可能性，对某种危险可能引起事故的最严重程度的估计叫危险的严重性。某些危险尽管可能引起事故，可能很严重，但出现的概率很小，有时则不予考虑。

3. 产品的符合性

产品符合性指产品质量符合在产品或其包装上注明采用的产品标准，

符合以产品说明、实物样品等方式表明的质量状况。

以上前两项是通常所说的生产者对产品质量的默示担保条件，即无须另行说明而应担保的条件；第三项则是生产者对产品质量明示担保条件，即生产者自身已经通过不同方式明确表示了其所生产的产品质量，应当成为自身的担保条件。凡产品符合以上三项要求的，即为基本上的合格产品，否则即为不合格产品。

（二）对产品或其包装上的标识

产品或其包装上的标识应当符合以下要求：有产品质量检验合格证明；有中文标明的产品名称、生产厂的厂名和厂址；根据产品的特点和使用要求，需要标明产品规格、等级、所含主要成分的名称和含量的，相应予以标明；限期使用的产品，标明生产日期和安全使用期或者失效日期；使用不当，容易造成产品本身损害或者可能危及人身、财产安全的产品，有警示标志或者中文警示说明。

（三）对特殊产品的包装

为了保证人身、财产安全，防止产品损害，国家对几类特殊产品规定了包装要求，即：剧毒、危险、易碎、储运中不能倒置以及有时有其他特殊要求的产品，其包装必须符合相应要求，有警示标志或者中文警示说明储运注意事项。

（四）对假冒伪劣产品

为了从源头上杜绝假冒伪劣产品，我国的《产品质量法》规定了对生产者的禁止行为，包括：不得生产国家明令淘汰的产品；不得伪造产地，不得伪造或冒用他人的厂名、厂址；不得伪造或者冒用认证标志、名优标志等质量标志；产品不得掺杂、掺假，不得以假充真、以次充好，不得以不合格产品冒充合格产品。

二、销售者应承担的质量责任

根据《产品质量法》，销售企业应该承担如下的质量保障社会责任。

（一）关于进货检验

销售者应当执行进货检查验收制度，验明产品合格证明和其他标识。

产品进货检验主要是检验产品自身是否符合默示担保条件和明示担保条件，即是否是合格产品。同时，也应检验产品或其包装上的标识是否符合规定要求。

（二）关于产品质量的保持

"销售者应当采取措施，保持销售产品的质量"。即销售者对于进货检验时确认合格的产品，有义务采取各种必要措施，保持产品原有质量，以防损害、变质。

（三）关于销售产品的标识

销售者所销售的产品，应当具备与生产者所规定的产品或其包装上标识完全一致的标识要求。

（四）关于失效、变质的产品

"销售者不得销售失效、变质的产品"，以防消费者的权益受到损害。

（五）关于假冒伪劣产品

我国《产品质量法》对销售者也规定了有关假冒伪劣产品的禁止性行为，包括：销售者不得伪造产地，不得伪造或冒用他人的厂名、厂址；销售者不得伪造或冒用认证标志、名优标志等质量标志；销售者销售产品不得掺杂、掺假，不得以假充真、以次充好，不得以不合格产品冒充合格产品。

三、产品的赔偿责任

（一）产品赔偿责任的概念

生产者和销售者不仅要承担保证其经营产品质量的责任，同时，对于产品在使用过程中出现质量问题引起的损失，还要进行赔偿，即承担产品的赔偿责任。所谓赔偿责任，就是消费者如果由于产品的质量问题受到伤害，那么作为产品的生产者或者销售者，应该根据具体情况给予消费者、使用者或者第三者一定的赔偿，补偿消费者由于使用该产品而导致的损失。

（二）产品赔偿责任的条件

产品赔偿责任的条件有以下三个：产品责任是由产品的缺陷造成的，这类缺陷可能是设计上的缺陷、原料的缺陷、制造装配的缺陷或者是标示上的缺陷；产品赔偿责任是一种侵权责任，根据权责对等的原则以及公平互利的经济伦理原则，在交易中获益的一方有责任赔偿另一方的损失；产品赔偿责任是一种损害赔偿责任。产品的生产者或者销售者应该补偿其受害者的全部损失。损失包括过去的损失、将来的收益和实际的开支（比如说医疗费），还包括受害者的痛苦代价（精神赔偿等）。

在理解上述三个条件时，我们应注意以下几点。

第一，产品缺陷一般是由生产者造成的，因而产品责任一般由生产者承担。但是，由于销售者的过错使产品存在缺陷（如进货后未采取必要措施保持产品质量，导致产品失效、变质等），因而造成人身、他人财产损害的，销售者应当承担赔偿责任。如果产品缺陷是由于生产者或供货者的过错造成的，而销售者不能指明该产品的生产者或供货者（如销售的是匿名产品等），其侵权赔偿责任仍由销售者承担。

第二，我国《产品质量法》规定了生产者不承担赔偿责任的免责条件，生产者如能证明有下列情形之一的，就不承担赔偿责任：未将产品投入流通的；产品投入流通时，造成损害的缺陷尚不存在的；将产品投入流通时，科学技术水平尚不能发现缺陷的存在。对于这些免责条件，生产者负有提供证据的责任。如果生产者不能有效地证明符合上述条件之一的，就不能免除自身的赔偿责任。就销售者而言，如果要免除自己的赔偿责任，也必须有效地证明自身没有过错，即负有举证责任。如果销售者不能有效地证明符合上述条件之一的，就不能免除自身的赔偿责任。

第三，受害人（受到人身伤害或财产损失后有权要求获得赔偿的人，即权利主体，包括公民、法人和社会组织）可以向缺陷产品的生产者要求赔偿，也可以向销售者要求赔偿，有自由选择的权利。而先行赔偿人承担赔偿后，则有权向负有责任的人追还所支付的赔偿。

第三节　企业社会责任对产品质量管理的要求

一、积极推行质量认证工作

（一）质量认证的定义及其内涵

质量认证也称合格证（conformity certification），简称认证。在 20 世纪 70 年代前并没有统一的定义。1986 年，国际标准化组织和国际电工委员会首次联合发布，把"合格认证"定义如下："由可以充分信任的第三方证实某一经鉴定的产品或服务符合特定标准或规范性文件的活动"（ISO/IEC 指南 2—1986 的定义）。1991 年，国际标准化组织和国际电工委员会对"合格认证"的定义又做了如下修改："第三方依据程序对产品、过程或服务符合规定的要求给予书面保证（合格证书）"（ISO/IEC 指南 2-1991 的定义）。一般来讲，产品质量认证和质量体系认证统称为质量认证。

根据上述定义，可具体从以下五个方面来理解质量认证：

第一，质量认证的对象除产品、过程或服务之外，还涉及提供产品或服务的质量体系。

第二，标准是质量认证的依据。认证依据的标准应是经过标准化机构正式发布，由认证机构所认可的产品标准、技术规范、质量保证标准等。适合于相应认证对象的标准是开展质量认证活动的必要条件，因此也把标准视为认证的基础。通常情况下，国际标准、国家标准和行业标准可作为认证的标准，企业标准因适用性差，不宜作为认证用标准。

第三，鉴定的方法包括对产品质量的抽样检验和对企业质量体系的审核与评定。

第四，质量认证的证明方式有认证证书和认证标志。

第五，认证是第三方从事的活动。在质量认证活动中的第三方就是质量认证机构，它与第一方和第二方都不存在行政上的隶属关系和经济上的利益关系，地位中立。

质量认证是由第三方提供的，对产品质量的公正评价，可以为人们提供完全可以信赖的质量信息，因而对企业承担质量责任具有重要意义。

（二）质量认证的标准

1. 适合产品认证用的产品标准

ISO/IEC 导则《适用于产品认证的标准的要求》在产品要求、试验方法、质量控制、包装与标识和合格制定等方面都提出了一系列要求。

我国《产品质量认证管理条例实施办法》对认证依据的标准有明确的规定，其要点如下：认证依据的标准应当是具有国际水平的国家标准或者行业标准。现行标准内容不能满足认证需要的，应当由认证委员会组织判定补充技术要求；我国的名、特产品可以依据国务院标准化行政主管部门确认的标准实施认证；凡经原国家技术监督局批准加入相应国际认证组织的认证委员会应采用该组织公布的，并已转化为我国的国家或行业标准的标准；经原国家技术监督局批准与国外认证机构签订双边或多边认证合作协议所涉及的产品，可按合作协议规定的标准开展认证工作。

2. 适合认证用的质量体系标准

自从 ISO9000 标准系列发布后，世界各国普遍采取该标准系列中的 3 种质量保证模式标准（ISO 9001、ISO 9002、ISO 9003）作为认证用的质量体系标准。

（1）ISO 9000 系列标准简介。

ISO 9000 不是指一个标准，而是一族标准的统称，根据 ISO 9000-1（1994）的定义：ISO 9000 标准指由 ISO/TC 176 制定的所有国际标准。TC 176 即 ISO 中第 176 个技术委员会，它成立于 1980 年，全称是"质量保证技术委员会"，1987 年又更名为"质量管理和质量保证技术委员会"。TC 176 专门负责质量管理和质量保证技术的标准。ISO 早在 1990 年的《2000 年展望》中，即确定了一个宏伟的目标："要让全世界都接受和使用 ISO 9000 族标准，为提高组织的运作能力提供有效的方法；增进国际贸易，促进全球的繁荣和发展；使任何机构和个人，都能从世界各地得到任何期望的产品，以及将自己的产品顺利销往世界各地。

（2）ISO 9000 系列标准的特点。

ISO 9000 系列标准的特点包括：面向所有组织，通用性强；确立质量管理的八项原则，统一理念；突出顾客满意和持续改进；强化最高管理者的领导作用；强调过程方法，操作性强；考虑所有相关方的利益。

（三）质量认证是对企业是否承担质量责任的有效评定

前面我们对企业承担质量责任的必要性、内容进行了论述，那么，企业是否真正承担了质量责任，承担了多少，这需要有一个方法或工具去评定，而质量认证至少是目前一个最为有效的评定方法。也就是说，某一个企业所提供的产品若能通过质量认证，即可证明企业承担了质量责任，履行了应有的义务；反之，则不然。

（四）质量认证促使企业提高产品质量，积极承担社会责任

质量认证对企业承担质量责任是一个很好的促进，是一股不可或缺的推动力。这是因为，产品质量是企业的生命，有了质量信誉就会赢得市场，有了市场就会获得效益。

首先，实行质量认证制度者，市场上便会出现认证产品和非认证产品，

认证便成为注册企业与非注册企业的一道无形界线，凡属认证产品或注册企业，都会在质量信誉上取得优势。因而企业要取得质量认证，唯一的途径是提高产品质量，而这恰好是企业质量责任的内容所在。

其次，认证注册和认证标志能够指导买方、消费者从采购开始就防止误购不符合标准的商品，并且能使他们不会轻易地与未经体系论证的企业建立长期供需关系。这是对买方和消费者的最大保护。特别是涉及人们安全健康的产品实行强制性认证制度后，从法律上保证未经安全性认证的产品一律不得销售或进口，这就从根本上杜绝了不安全产品的生产和流通，极大地保护了消费者利益，从而实现了企业社会责任的真正目的。

二、企业进行全面质量管理

（一）全面质量管理的含义

在全面质量管理的产生和发展中，其定义和解释也在不断发展。全面质量管理创始人之一的费根保姆下的定义是：全面质量管理是为了能够在最经济的水平上，并在考虑到充分满足顾客要求的条件下，进行市场研究、设计、制造和售后服务，把企业内各部门的研制质量、维持质量和提高质量的活动构成一体的有效体系。在我国的早期定义中，全面质量管理是指一个组织或企业以质量为核心，以全体员工参与为基础，满足客户需求及使全体员工、社会得到成功的长期受益的管理途径，全面质量管理的中心思想是通过对人员、服务、产品及环境等方面不断地进行，进而提高企业的市场竞争力。

（二）全面质量管理的特点

1. 目标以"适用性"为标准

传统的质量管理以是否符合技术标准和规范为目标，即"符合性"质量标准。全面质量管理以是否适合用户需要、用户是否满意为基本目标，即"适用性"标准。因此，全面质量管理首先强调产品要适合用户的要求，要按用户的要求来组织生产，并且全面质量管理还要处理好产品质量满足用户要求和企业经营效益两方面的关系。

2. 全面的质量概念

相对于广义的质量概念，全面质量管理是对全范围的质量进行的管理，因为每个环节的质量都会影响到产品（服务）的质量。它不仅要对产品质量进行管理，也要对工作质量、售后服务质量进行管理；不仅要对产品性能进行管理，也要对产品的可靠性、安全性、经济性、时间性和适应性进行管理。

3. 全过程的质量管理

产品质量有一个产生、形成和实现的过程。全面质量管理范围包括从市场调查开始，到产品设计、生产、销售等，直到产品使用寿命结束为止的全过程，为了使顾客得到满意的产品，并使产品充分发挥其使用价值，不仅要对产品的形成过程进行质量管理，还要对产品形成以后的过程乃至使用过程进行质量管理，把产品质量形成全过程的各个环节全面地管理起来，形成一个综合性的质量管理体系。

4. 全员参加的质量管理

企业的每个职工都直接或间接地与产品（服务）质量有关，全面质量管理不仅与质量管理部门或质量检验部门直接相关，更与包括设计、生产、供应、销售、服务过程中的有关人员直至所有员工有关，因为产品质量是职工素质、技术素质、管理素质、领导素质的综合反映，全面质量管理要求企业全体人员都来参加，并在各自有关的工作中参与质量管理工作。

5. 质量管理的方法是全面的

影响产品（服务）质量的因素错综复杂而且来自各个方面，要把众多的因素系统地控制起来，全面地管好，就必须综合地运用不同的管理方法和措施，如科学的组织工作，数学方法的应用，先进的科学技术手段、技术改造措施和质量检验方法等。只有这样，才能使产品质量长期地、稳定地持续提高。

6. 突出质量改进的动态性质量管理

传统质量管理思想的核心是"质量控制"，这是一种静态的管理。全面质量管理强调有组织、有计划、持续地进行质量改进，不断地满足变化着的市场和用户的需求，是一种动态性的管理。

（三）全面质量管理的内容

现代企业为了保证产品质量，必须加强设计、研制、生产制造、销售使用全过程的质量管理活动。所以，全面质量管理的主要内容包括设计试制过程的质量管理、制造过程的质量管理、辅助生产过程的质量管理和产品使用过程的质量管理。

1. 设计试制过程的质量管理

设计试制过程是指产品（包括开发新产品和改进老产品）正式投产前的全部开发研制过程，包括调查研究、制订方案、产品设计、工艺设计、试制、试验、鉴定以及标准化工作等内容。设计试制过程的质量管理一般着重做好以下工作：根据市场调查与科技发展信息资料制定质量目标；保证先行开发研究工作的质量；根据方案论证、验证试验资料，鉴定方案论证质量；审查产品设计质量，包括性能审查、一般审查、计算审查、可检验性审查、可维修性审查、互换性审查、设计更改审查等；审查工艺设计质量；检查产品试制，鉴定质量；监督产品试验质量；保证产品最后定型质量；保证设计图样、工艺等技术文件的质量等。

2. 生产制造过程的质量管理

工业产品正式投产后，能不能保证达到设计质量标准，在很大程度上取决于生产车间的技术能力以及生产制造过程的质量管理水平。生产制造过程的质量管理，重点要抓好以下几项工作：加强工艺管理，组织好技术检验工作，掌握好质量动态，加强不合格品的管理。

3. 辅助生产过程的质量管理

辅助生产过程的质量管理一般说来包括：物资供应的质量管理、工具供应的质量管理和设备维修的质量管理等。

4. 产品使用过程的质量管理

产品使用过程的质量管理，应抓好以下三个方面的工作：积极开展技术服务工作，进行使用效果与使用要求的调查，认真处理出厂产品的质量问题。

（四）全面质量管理的组织实施方法

1. PDCA 循环

PDCA 循环即"策划-实施-检查-改进"工作循环的简称，也称"戴明圈"，它是国内外普遍用于提高产品质量的一种管理工作方法。它是一个动态的循环，可以在企业中展开，与产品实现和其他的质量管理体系的过程策划、实施、检查和持续改进紧密相关。通过在企业的各个层次应用 PDCA 循环，有助于保持和实现过程能力的持续改进。

2. QC 小组活动

质量管理小组（quality control group，简称 QC 小组）是职工参与全面质量管理，特别是质量改进活动中的一种非常重要的组织形式。1997年中国质量协会联合有关部门发出了《关于推进企业质量管理小组活动的意见》，意见中指出质量管理小组是"在生产或工作岗位上从事各种劳动的职工，围绕企业的经营战略、方针目标和现场存在的问题，以改进质量、降低消耗、提高人的素质和经济效益为目标而组织起来，运用质量管理的理论和方法开展活动的小组"。

质量管理是团队工作方式中的一种，它是目标管理、行为科学在企业质量管理工作中的综合运用，是一种非常重要的群众性的质量管理方法。日本石川馨教授在《质量管理活动的基本管理活动》一书中指出，质量管理组的宗旨是调动人的工作积极性，充分发挥人的能力，创造尊重人、充满生气和活力的工作环境，有助于改善和提高企业素质。

三、强化产品质量的行政监督

（一）质量监督的含义

在国际标准 ISO8402-1994 中，质量监督（quality surveillance）的定义是:为确保满足规定要求，对实体的状况进行连续的监视和验证，并对记录进行分析。对该定义可以从以下四个方面来理解。

1. 对象

质量监督的对象是实体。实体包括产品、活动、过程、组织、体系、人或者它们的任何组合。质量监督可包括为防止实体随时间推移而变质或降级所进行的观察和监视的控制。

2. 目的

质量监督的目的是确保满足规定要求。其中，企业对它的规定要求可以包括企业标准、技术规范、规程、质量手册、程序文件、各项制度，以及企业与顾客所签合同等对它的各项质量要求；社会对它的要求则包括法律、法规、准则、规章、条例以及其他考虑事项所规定的义务。

3. 方法

质量监督的方法是对监督对象进行持续的或一定频次的监视和验证工作，并对各项质量记录，包括企业的产品质量记录、质量体系内部审核记录、政府的产品质量抽查记录、第三方的产品质量检验报告、质量体系审核记录等进行分析。

4. 主体

质量监督的主体是顾客或顾客的代表。顾客代表是指顾客授权的代表（第三方的检验机构）或代表顾客利益的人或组织（国家通过立法授权的特定国家机关或社会团体，如消费者协会）。

（二）产品质量监督的分类

产品质量监督按照主体不同，可分为企业内部的质量监督和企业外部的质量监督。

1. 企业内部监督

企业内部监督是为了保证满足质量要求，由具备资格且经厂长授权的人员以程序、方法、条件、产品、过程或服务进行随机检查，对照规定的质量要求，发现问题予以记录，并督促责任部门分析原因，制定解决措施，直到问题获得解决。

2. 企业外部的质量监督

企业外部的质量监督包括国家监督、行业监督、社会组织监督、新闻媒体监督、顾客监督等。

（1）国家监督。

国家监督是一种行政监督执法，是国家通过立法授权的国家机关，利用国家的权力和权威来行使的，其监督具有法律的威慑力。这种执法是从国家的整体利益出发，以法律为依据，不受部门、行业利益的局限，具有法律的权威性和严肃性；只受到行政诉讼的约束，不受其他单位的影响和干扰。国家质量监督和检验检疫总局统一管理、组织协调全国的质量监督工作。

（2）行业监督。

行业监督是指由行业的主管部门对所辖行业、企业贯彻执行有关国家质量法律、法规进行监督。主要任务和职责是根据国家产业政策，组织制定本行业或企业的产品升级换代计划，指导企业按国家或市场需求，调整产品结构，提高产品质量水平，推进技术进步，生产适销对路的优质名牌产品，提高产品在国内外市场的竞争能力。行业质量监督不能与国家监督等同，无权使用国家法律、法规对所辖行业、企业实施行政处罚。

（3）社会组织监督。

社会组织监督是指各级消费者协会、质量管理协会、用户委员会等保护消费者权益的社会组织，反映消费者的意见和呼声，处理质量问题的投诉，协助政府开展质量监督检查，以维护消费者的利益。

（4）新闻媒体监督。

新闻媒体监督是指各种新闻媒体，包括报纸、广播、电视等，通过对产品质量的表扬、批评甚至揭露曝光等方式，对产品和服务质量进行舆论监督。

（5）顾客监督。

顾客监督主要是指用户、消费者在购买前、购买中和购买后都可以就产品质量及问题向生产者、销售者进行查询，或向有关部门反映情况，提出意见和建议；在使用过程中可以就质量问题向质量监督管理部门、工商行政管理部门及有关部门申诉，必要时还可以向人民法院起诉。

（三）加强产品质量监督的措施

在目前国内企业社会责任意识不强，企业社会责任还未成为企业自我要求和自我行为准则的情况下，需要国家行政职能部门提供一种具有权威性、严肃性的强制质量监督。而这种强制性监督是其他形式所不具有的。在我国，这种行政性监督在生产领域的实施机构是各级政府质量技术监督部门。加强产品质量监督，实质上是强化各级质监部门的职责和权力，健全质监部门的内部机制。当前来讲，质监部门应重点做好以下工作。

1. 加强执法，保障食品和特种设备安全

强化食品生产加工环节质量卫生监管，包括：落实监督制度，健全标准体系，开展食品生产加工环节卫生监管等。

落实特种设备安全监察责任，包括：健全特种设备动态监管体系；行政许可实现网上办理；实现各级质量监管部门实时交换数据、信息；完善专、兼职安全监察员网络，明确兼职监察员职责，加强培训，实行奖励制度；巩固简易电梯、气瓶、压力管道、厂内机动车等普查整治成果；严格实施特种设备行政许可；提高应对事故特别是重大事故的能力；推行特种设备安全监察责任制等。

2. 健全工作机制，强化生产领域质量监管和打假

健全质量监督机制，包括：完善监督抽查制度，建立质量预警通报机制，试行电子监管制度等。

健全打假和执法长效机制，包括：坚持专项打假制度；推进综合执法；完善预警制度；建立快速反应机制，提高行政执法和质量安全突发事件应

急处置工作水平；完善打假责任制等。

3．发挥标准化在提高产品质量水平方面的作用

包括：实施技术标准战略，提高自主创新能力水平；加大农业标准化工作力度，促进农业化进程；加大服务业标准化工作力度，推进服务业现代进程等。

第七章　企业社会责任建设与企业的
可持续发展

第一节　承担社会责任对实现企业可持续发展
的重要性

一、企业可持续发展的内涵

根据研究角度不同，对可持续发展的定义有着不同的解释：英国环境经济学家皮尔斯（Pearce）将可持续发展定义为"自然资源不变前提下的经济发展，或今天的资源使用不应减少未来的实际收入"。具有代表性的学者巴比尔（Barbier）则把可持续发展定义为"在保证自然资源的质量和提供的服务前提下，使经济发展的净利益增加到最大限度"。生态、经济、社会和科学技术四方面密不可分，生态环境的持续性是基础，资源的可持续利用是条件，经济可持续发展是关键，人类社会可持续发展是目的。"可持续发展"一词最早出现于 20 世纪 80 年代，由世界自然保护同盟制定和发布的《世界自然保护大纲》提出。可持续发展的理念是对资源的一种管理战略，是研究如何将全部资源中的合理的一部分加以收获，使资源不受破坏，而新成长的资源数量足以弥补所收获的数量。"可持续发展"包含了当代与后代的需求、自然资源、生态承载力、环境和发展相结合等重要内容。

所谓企业可持续发展，也称企业可持续成长，是指企业在追求生存和发展的过程中，既要考虑经营目标的实现，提高企业市场地位，又要保持在已领先的竞争领域和未来的扩展经营环境中始终保持持续的盈利增长和能力的提高，保证企业在相当长的时间内整体实力不断增强。我们可以从以下三个方面来深化对企业可持续发展内涵的理解。

（一）企业可持续发展的目的是发展

发展是指事物由小到大、由简单到复杂、由低级到高级的运动，它不仅表现为"量"的扩大，更表现为"质"的提高。企业可持续发展，不仅表现为企业经营资源单纯量的增加，包括资产的增值、销售额的增加、盈利的提高、人员的增多等，还表现为企业经营资源性质的合理变化、结构的有效重构、支配主体的适合革新，以及企业创新能力的增强、环境适应能力的提升、企业总价值的提高等。

（二）企业可持续发展的前提是保持竞争优势

身处激烈市场竞争中的企业，只有在与其竞争对手的竞争中显现、确立并维持其强劲的竞争优势，才能够持续地生存和发展。企业要想始终保持持续的盈利增长和综合实力的提高，保证自身的长期生存和发展，不仅要正确地确定自身的使命和长期的发展战略目标，更要注重企业发展与社会的发展、资源的利用、环境的保护协调一致。也就是说，企业可持续发展的核心是从单一追求经济效益，到追求社会效益、解决资源的合理利用、积极承担社会责任等多样化追求的统一和均衡，以此保证人类生存基础，改善人类生存条件，提高人类生存质量，追求企业的永续发展。

（三）企业可持续发展的核心是可持续

可持续是指企业内部支持发展的各种要素在较长的时间内是可接替、可继承的，即潜力巨大、后劲充足。我们发现，如果一个企业虽然在很短的时间内规模迅速扩张，但由于超越了自己的事业规模，往往动摇了正常发展的根基，缺少了潜力和后劲，最终就有可能难逃短命的厄运。因此，企业的发展最重要的还是要看长期的有效发展。

二、企业可持续发展的影响因素

从整个社会体系运作的层面上说，企业和政府都是社会运行的机构，并且对社会产生着重要的影响，企业、政府以及社会其他部门之间是高度依存的。一个社会的法律体系政治制度和政府法规、社会公众的态度、道德和伦理观念，以及包括科学技术和国家之间的竞争等社会变革力量，都能对企业的成本、价格和利润产生积极或消极的影响。其中与企业的可持续发展具有极强的相关性的因素主要有以下几个。

（一）企业与社会的关系

企业的可持续发展是涉及社会、人口、资源、环境等因素的企业发展战略体系。企业可持续发展受到经济、社会可持续发展的制约，同时企业可持续发展也是经济、社会可持续发展的根本推动力。

（二）企业与政府的关系

政府在市场经济管理中，主要是通过法律手段对企业的运作加以规范化的约束，同时在资助和保护企业方面又有一套帮助企业的复杂而强大的项目网络，涵盖关税保护、贷款、贷款担保、业务来源、直接资助等各方面，在很大程度上维护企业的正常运作。如果企业对政府承担相应的责任，就能避免与政府施政方针产生摩擦，为自己争取更好的发展环境，促进企业的可持续发展。

（三）企业自身的因素

除了与政府和社会的关系外，以下几个方面是影响企业可持续发展的重要而关键的环节。

1. 企业文化

企业文化是企业在发展过程中形成的理想信念、价值体系与行为规范的总和。通过企业文化建设，提升员工精神境界，激发员工的创造力，提高企业的凝聚力和战斗力，为可持续发展提供强大的精神动力和优质的人力资源。

2. 管理创新

管理创新是企业生存与发展的根本保证，是企业可持续发展的力量源泉。企业以市场为导向，不断更新管理理念和方法，革新与规范管理制度，使企业的管理模式能适应自身生存与发展的需求和社会环境的变化，从而为企业带来生机和最大的经济效益，确保企业的长期稳定和发展。

3. 企业形象

企业形象不仅反映了企业的内在素质，而且通过环境极大地影响着企业内在素质。企业形象好坏的直接结果就是决定了企业在顾客和消费者中的社会形象地位以及顾客和消费者对企业的忠诚度和信赖度。所以，实现企业可持续发展是一项系统工程，它涉及企业的方方面面，渗透到企业运行中的每一个环节。从以上影响企业可持续发展的因素中也可以看出，这些因素与企业的社会责任息息相关，有些因素在内容上甚至与企业社会责任重叠。

4. 技术进步

技术创新是企业发展的灵魂，是企业生存发展的核心财富，是提升企业的市场竞争力的根本途径。企业只有加大技术创新的力度，努力开发新产品，提升产品的技术含量，才能取得竞争优势。

三、企业可持续发展的特征

企业的可持续发展不仅是取得经济的持续发展，同时应不危害到生态环境的持续发展，并能促进社会的持续发展，即能同时体现经济效益、社会效益和生态效益。其特征表现在以下几点。

（一）生态环境可持续发展

生态环境为企业的发展提供原材料、能源等要素，是企业发展的基础，企业必须提高资源利用率，控制环境污染，使企业的发展与生态承载能力相适应。企业不仅要产出绿色产品，而且从原材料、资源选择和利用，到产品废弃物的排放、再循环利用及污染治理，始终把保护生态可持续发展作为企业战略的中心。因此，企业可持续发展应能体现企业对生态资源的节约、污染控制和再利用的综合管理和发展。

（二）经济可持续发展

企业是由资本、技术、人力等多种资源组成的集合体，要实现持续的经济增长，构成企业有机体的各个子系统以及各种机能必须能够协调一致、高效运作。企业必须能适应外界变化，抵御风险，将人力资源与其他资源有效结合，不断进行创新，以生产能带来高附加值的产品。同时，企业不仅重视经济发展的数量，更应重视经济发展的质量，使企业内部平衡发展，以实现可持续发展。因此，企业可持续发展应能体现企业对经济发展的协调和促进。

（三）社会可持续发展

企业是现代社会的构成要素，不仅是社会财富的创造者，也是社会责任的承担者。作为社会结构中的一个重要组成，企业既要享受"企业公民"相应的权利，也承担着"企业公民"相应的义务。这种义务不仅表现在发展经济、增加财富、遵纪守法、合理利用和保护环境，而且表现在增加社会福利和回报社会，表现在维护职工的合法权益、保护职工的身体健康和安全、保护消费者的权益以及维护公平透明的运营环境等方面。因此，企业要实现可持续发展，还必须不断提高对社会的贡献水平。

四、承担社会责任对企业可持续发展的意义

企业社会责任建设与企业可持续发展在内容上、伦理指向上是一致的，而且企业社会责任建设还构成了企业可持续发展的精神力量。企业积极、主动地承担社会责任有着重大的实践意义。

（一）有利于改善企业与各方的关系

当今企业的经营环境已经从传统的单向循环环境转变为受企业利益相关者影响的多元环境。如果社会问题不能得到解决，企业的经营环境定然受到影响。企业履行社会责任，协调好与利益相关者之间关系，必将减轻政府的负担，得到政府的支持，提高公众对企业的信任度，使企业能在一个和谐的经营环境中可持续发展。

（二）有利于增强企业竞争力

企业的竞争力是企业能否发展壮大乃至生存的关键。企业积极地履行社会责任，首先，能够获得股东进一步的投资和债权人的融资，为企业的市场竞争获得资金支持；其次，由于企业承担起保护环境和节约资源的责任，也为企业自身的发展提供了环境和资源上的保障；最后，企业改善劳动环境以保护劳工权益，可提高员工的长期忠诚度，充分发挥员工的主动性和创造性，大大提高劳动生产率，为企业的市场竞争提供人力支持。

（三）有利于企业建立长期的有效激励机制

企业获得发展的内在动力来自对先进科学技术的掌握和运用、企业的经营管理水平、职工的劳动积极性。企业社会责任要求企业注重创新责任、经济责任和员工责任，可见企业要想获得可持续发展，履行社会责任将获得长期有效的动力。以员工责任为例，在新的现实条件下，形成企业管理者和劳动者之间的共识，是企业激励机制得以建立和运行的基础。企业社会责任作为一种激励机制，对企业管理来说，是一场新的革命。

（四）有利于树立良好的企业形象

企业承担一定的社会责任，短期内虽会给自身的经营带来一定的影响，

但有利于企业追求长期利润的最大化。因为社会的参与能为企业树立良好的企业形象，向社会展示一种企业家的使命感和责任感，展示企业有一支讲究奉献精神的员工队伍，这些都是企业的无形资产，可以赢得社会广大消费者和投资者的认同，并最终给企业带来长期的、潜在的利益，这足以支付承担社会责任的成本。大卫·威勒和玛丽亚·西兰琶（David Wheeler &Maria Sillanpaa）研究发现，即使是在英国和美国，在20世纪大部分时间里，实行利益相关者纳入、考虑社会利益的企业，在经营绩效上要比奉行"股东至上主义"的企业更胜一筹。我国的一些上市公司，如海尔、华为等正是因为注重其企业社会责任而业绩蒸蒸日上。

第二节　企业社会责任和可持续发展的关系

一、可持续发展是企业社会责任的目标

尽管企业社会责任和可持续发展两者之间有着密切的关系，并且许多人常常把这两个术语互换，但是它们却是两个不同的概念。可持续发展是经济、环境、社会复合系统的持续、稳定、健康、协调发展的过程，是在生态环境极限下满足经济和社会发展的需求，是在满足当代人需要的同时而不破坏子孙后代的需求。可持续发展三个维度"经济－社会－环境"之间是相互依存的。例如，消除贫困要求保护环境和社会公平。

企业社会责任是在可持续发展和谐共存的前提下，企业对于自身以及社会构成体之间的应尽责任，以及社会对其构成体"企业"的社会关系行为规制的总和。是企业对经济、社会和环境的影响所承担的责任，是考虑利益相关者利益和社会期望并为可持续发展做出的贡献。企业社会责任的总体目标就是能够为可持续发展做出贡献。

企业社会责任与可持续发展紧密相连。可持续发展目标是实现经济、社会和生态环境的可持续性，是所有人和组织的需求和共同发展目标，需要所有组织对其负责，而企业社会责任的总体目标则是能够为可持续发展做出贡献，因此经济、社会和环境责任是企业社会责任关注的重点和目标。

二、企业社会责任是可持续发展的基础

可持续发展能够将广泛的社会期望作为一个整体来表达，其中也包含

了对企业社会责任的预期。表现在以下几方面。

（一）可持续发展是推动企业社会责任的力量

可持续发展与企业社会责任内涵之间存在目的和行动的关系。用世界可持续发展工商理事会的话来说，可持续发展的内涵由最初只包括环境因素扩展到社会和经济维度，由此，为了长远发展必须平衡经济、社会和环境之间的关系并进行融合。基于可持续发展战略实施的考虑，可持续发展的理念逐渐从宏观层面转向企业层面，因为企业是对可持续发展影响最广泛和最深刻的组织。同时，企业在制定发展战略和实施战略时也面临着可持续发展的挑战，因为经济、社会和环境是影响企业自身可持续发展的关键因素。由此，可持续发展要求企业将经营活动的经济、社会和环境影响结合在一起。

全球契约组织在倡导可持续发展理念、推动企业社会责任实践发展中扮演了重要角色。2000年7月在联合国总部正式启动的"全球契约"计划，号召企业遵守在人权、劳工标准、环境及反贪污方面的十项基本原则，以及安南向全世界企业领导呼吁，遵守共同价值标准，实施一整套必要的社会规则的"协议"，使得各企业与联合国各机构、国际劳工组织、非政府组织以及其他有关各方结成了合作伙伴关系。"协议"的目的是动员全世界的跨国公司直接参与减少全球化负面影响的行动，建立一个更加广泛和平等的世界市场环境，推进全球化朝积极的可持续方向发展，极大地促进和推动了企业社会责任的发展。

可持续发展理念对企业社会责任领域的影响，还表现在许多企业将发布《可持续发展报告》作为社会责任报告，在积极探索和践行企业社会责任实践。如中国远洋的企业社会责任报告——《中国远洋可持续发展报告》等。

（二）企业社会责任是推动可持续发展的第三种力量

西方经济学家认为，外部性导致的"公地悲剧"（由于公用而导致的滥用和破坏）和"圈地运动"（经济扩张导致的耕地和林地消失等）是市场解决环境问题失灵的重要表现。它是以企业作为理性"经济人"追求自身经济利益最大化为前提的结果。社会对于外部性问题（主要是负外部经济效应）的解决主要通过两种力量，一是通过市场调节，二是进行政府干预。这两种手段虽然为解决环境资源的滥用等问题起到了一定的作用，但是也存在各自的新问题。表现在三方面。

第一，从市场调节角度来看，它需要具备一系列条件，如完善的产权制度、体现价值的市场价格体系等。但现实中这些条件往往难以完全具备。如大气、公海、臭氧层等资源与环境的产权不可能明确界定，有些资源的产权虽可以界定，但要维护产权需要很大的交易成本，如二氧化碳排放。此外，环境与资源价格的定价因素极为复杂，既要考虑有形因素，又要考虑无形因素（如生物多样性的效应和公平运营的效应），要做到合理体现其价值非常困难。

第二，政府干预一般有直接管制和经济政策激励两种方式，它们也都面临着一系列条件的制约。政府直接管制面临着管制者与管制对象存在信息不对称所造成的管制成本居高不下，甚至管制失效的问题。当企业以利润最大化为唯一目标，而政府强调社会利益时，两者目标的差异可能导致行为冲突，引发"政府管制博弈"。此外，经济政策在决策和实施时存在的时滞性以及寻租活动也会导致政策的失效。因此，现实中存在"可持续发展要求某种政府干预，但提供这种干预的成本太高，以致造成效率的损失"。换言之，政府干预不能完全解决市场调节所遗留的所有问题。显然，上述两种思路在实现可持续发展问题上留下了很大的空缺。如果跳出"经济人"假设的框架，把视角转向"社会人"假设的"企业公民"理论，就能发现"影响企业行为的非经济因素中蕴含着实现可持续发展的新动力——企业社会责任"。

第三，推动可持续发展的第三种力量是企业社会责任，它具有弥补政府和市场失灵的作用。企业社会责任本质上是一个企业将经济、社会和环境问题融入决策中的积极负责意愿。因此是一种超越政府和市场以外的第三种力量，它在解决企业的外部性、降低政府监督的成本，从而推进可持续发展等方面具有独特的作用。表现在以下四方面。

（1）企业社会责任的广泛渗透作用。

企业社会责任往往与企业文化和经营战略融为一体，起到战略导向作用和产生潜移默化的柔性影响，渗入到每个成员的价值取向中，如果企业每一个成员都树立可持续发展的意识，他们就会自觉遵守企业的责任规章和社会期望的"企业公民"行为，主动维护和协调利益相关者的利益，从而减少企业内部的管理成本。

（2）企业社会责任的持久激励作用。

格雷纳的组织成长模型说明了企业发展的渐进式轨迹，即一个企业的发展是由一系列可预见的危机打断并触发向前移动。企业社会责任构建的

"企业公民"发展阶段模型，也说明了从"起始——参与——创新——整合——改造"的企业社会责任持续渐进的演进过程，并且指出推动向前发展的触发器就是责任挑战，一个新的社会响应的期望。由此说明，企业社会责任的发展是由社会期望和社会制度力量对企业的冲击而塑造，它具有规避风险、挑战和可重复性等特性，会影响企业成员积极协调利益相关者利益、为企业改进技术和管理、提高资源利用和控制污染并提供持续的激励，成为培育企业长期价值的基本手段。

（3）企业社会责任的自律作用。

企业在从事生产经营活动时，时时要与社会、生态环境发生联系。社会责任促使企业从人与人、人与自然、人与社会和谐共处的需要出发，自觉维护透明、道德和公平运营的环境，自觉减少污染物排放、保护生态环境。企业社会责任所导致的企业自律行为，无须外部力量的强制，只需要利益相关者的监督和舆论，是企业出于社会利益考虑而产生的一种自觉、主动的行为，如美国苹果公司对富士康劳动实践问题调查的积极回应。由此来讲，企业社会责任既可以弥补市场失灵的风险，又能够大大降低政府干预中由信息不对称而产生的"道德风险"和政府监测的成本，对推进可持续发展具有不可估量的作用。

（4）承担社会责任有助于企业实现可持续发展。

企业作为经济主体，其首要责任是为社会提供经济发展的产品和服务，以创造最大限度的社会福利，这是企业的生存之本。然而，更多的企业对承担社会责任是否会影响企业的经济利益存有顾虑。实践表明，从投入要素的效率方面，社会责任能够促使企业降低能耗，节约原材料，从而降低整体成本（包括社会成本）；从生产过程的效率方面，社会责任能够推动企业采用新技术、新工艺，实行清洁生产，提高产出效率，减少污染物排放，从而节约治理污染和处理废弃物的成本；从产出的效率方面，社会责任使企业注重产品的"绿色"效应，满足消费者对生态环保、有益健康产品的需求，建立了与市场和谐共生的依存关系，树立了企业良好的社会形象，从而规避了市场风险、获得市场增长率和降低了资本成本，更有利于企业的长期价值提升。

总之，在全球化的发展背景下，企业与社会的共生关系越来越紧密，追求利润和承担社会责任之间更多的不是替代关系。从长远的角度，企业社会责任与其经济利益紧密结合，是现代企业获取国际竞争力的源泉和可持续发展的基础。正因为企业承担社会责任可以获得竞争优势，促进了跨国公司对企业社会责任履行的高度重视，它们高度关注地球资源的可持续利用，关注雇员、消费者和商业伙伴的健康与安全，它们还遵守所有实施中的有关环保、健康和安全的法律法规，定期发布社会责任和可持续发展报告，以取得社会利益相关者的关注、理解和支持。

对于正在成长阶段的中国企业而言，承担可持续发展的社会责任，在短期内可能会由于更新技术和加大环境治理力度而影响其经济效益。但在全球化的浪潮中，中国的企业必须面对来自跨国公司的竞争，必须迎接正在全球范围内兴起的"绿色和责任"浪潮的挑战，还必须在国际贸易中跨越越来越多的"责任壁垒"。如果只考虑眼前利益，就会丧失长远的竞争优势，在国际竞争中处于被动地位。

第三节　基于社会责任的企业发展方式的变革

企业承担社会责任是企业可持续发展与社会、经济、生态可持续发展的统一的关键。企业社会责任建设的提出，预示着企业经济活动的行为和方式将发生重大的改变。具体来说，企业的社会责任建设将使企业在首要目标、增长方式、利润观念、与资源的关系、产品成本优势来源、发展要素、收益趋势等方面产生变革。

一、在企业的首要目标上，由求生存到求发展

"企业只有先生存下来了，才能寻求发展"，这是人们长期以来的普遍思维模式，已成为企业界流行的一句口头禅。然而，这种在传统经济时代有效的演进逻辑，在市场竞争激烈的今天很可能是一个陷阱。因为，在传统的经济条件下，市场相对较封闭，竞争不够激烈，企业与环境、社会的互动程度还不十分强烈，企业的生存相当程度上取决于企业自身。其他的企业短期内不会威胁到自己的生存，因而企业即使不发展也有生存的可能，自然可以先求生存再图发展。然而，在现代社会规则理性、制度规范和程序公正的新环境中，企业除了应对市场的全方位竞争之外，还要恰当地处理企业的生存与发展所涉及的社会责任，企业在起始阶段就要从发展的战略高度超越生存目标。如果再按"先生存，再发展"的演进逻辑进行经营管理，企业不仅不能获得可持续发展，连基本的生存目标也会落空。

二、在企业的增长方式上，由外延式扩张到内涵式增长

改革开放以来，我国企业偏重量的成长，以低成本、低价格、低附加值赢取市场优势，严重忽略了企业质的发展。这种以牺牲环境和忽视人力资本为代价的传统的外延式发展模式必须转向以数量增长、质量效益、生态平衡、劳动保护、人文关怀相协调的可持续发展模式。外延式扩张是一种粗放的经营模式，存在着高投入、高消耗、高污染、低产出的问题。内涵式扩大增长方式是通过提高企业的生产效率来谋求企业的发展，能节约有限的社会资源，保证经济的持续稳定发展。

三、在产品低成本优势的来源上，由压低工资到管理创新

当今时代，单纯依靠低工资的劳动力降低成本参与市场竞争，已经越来越困难了。迈克·波特（1990）早在《国家竞争战略》一书中就明确指出："竞争力与廉价劳动力之间并无必然联系。产业竞争中，生产要素非但不再扮演决定性的角色，其价值也在快速消退中。"

实践证明，企业的可持续发展最终仍然要依靠技术创新、管理创新和制度创新得以实现。约瑟夫·熊彼特（Joseph Schum peter）指出，创新活动是通过挑战现状和重新组合这样的"创造性的摧毁"过程来实现变革，由此创造出新产品、新市场、新工业、新技术以及新型的组织形式。按照熊氏的观点，创新活动是指存在于惯例范围之外的事件和程序，是对经济做出的"创造性反应"，绝不是因循守旧，文卡塔拉曼（Venkataraman）对此进行了解读："运用熊氏的定义，企业创新是一系列体现社会活力和再生能力的活动和过程，表现为个人、团体、组织或企业的合作行为这个宽泛的定义，抓住了创业者与企业创新活动的实质，无论具体的人或环境如何，它同时也强调了作为创新精神发源地的中小企业的起步和创新。另外，创新也被视为创造私人财富的法宝，并转而通过一定的过程实现社会利益，比如，增加就业率或提高就业质量；有益的创新同样有助于生活质量的提高。企业的低成本应该建立在高科技和企业的科学管理上，而不应该建立在员工的超低工资水平之上。而社会责任管理全面改变了企业传统的成本管理战略，从过去更多地依靠降低劳动力成本到企业更多地思考员工的生产效率，重新设计制造成本，改造生产经营流程，将社会责任管理的思想应用到管理体系中。就拿我国劳动密集型的出口企业来说，廉价的劳工成本确实吸引了大量跨国公司来华投资，还大大增加了我国的对外出口量。

但是随着世界范围内企业社会责任运动的不断发展，通过压低劳动力工资来降低产品价格的做法越来越受到发达国家消费者的抵制。单一依靠廉价劳工优势来生产和扩大出口已不能为企业带来竞争优势，相反，一味地追求劳动力成本的降低反而会遭到国际市场的唾弃。

四、企业的利润观念上，由利润最大化到追求社会效益最大化

在全球化的大潮中，经济、社会和环境因素强烈互动。企业不仅是区域经济的基本组织，也是区域社会的基本组织，更是一个可以直接贡献或破坏自己生存发展环境的重要角色。因此，企业不仅要追求"利润最大化"，还要为创造实现"利润最大化"的经济、社会和资源环境而努力。消除贫困、促进社区发展、保护资源环境、改善并维护职工权益被有远见的企业家视为企业发展的新机遇。在可持续发展的理念中，企业仅以追求利润最大化作为终极目标显得过于狭隘和自私，而应当承担一定的社会责任则是可持续发展的公平原则。企业在创造利润、对股东利益负责的同时，还要承担对员工、消费者、社区和环境的社会责任，包括遵守商业道德、生产安全、职业健康、保护劳动者的合法权益、保护环境，等等。基本的企业社会责任分为生产安全、职业健康和权益保障。目前，企业的社会责任主要集中在劳动合同、劳资纠纷、加班、职业健康、生产安全、权益保障等六个方面。

五、收益的趋势上，社会责任的投入可能会出现边际收益递增

传统经济学有一条边际收益递减规律。其基本内容是：在技术水平不变的情况下，其他生产要素的投入不变时，一种可变的生产要素投入的增加最初会使产量增加，但当它的增加超过一定限度时，边际产量会递减，最终还会使产量绝对减少。但是，企业用于社会责任建设的投入并不遵循边际收益递减规律，初期的投入可能并不会增加企业的收益，反而会增加企业的运营成本。随着投入累积到一定程度，企业社会责任的投入就会出现边际收益递增，而且越来越具有规模效益和长久利益。

六、企业可持续发展的要素，由依靠有形资源到依靠无形资源

在现代市场条件下，企业之间竞争制胜的关键不再是物资、设备、厂房等有形资源，而更多地依靠技术、人力资本、品牌价值、社会美誉度等无形资源。一个可持续发展的企业必定是异质性程度比较高的企业，而企

业的异质性主要来源于无形资源。一个可持续发展的企业，其无形资源的价值通常远大于有形资源的价值。据国际权威的资产评估机构调查估计，一个企业的无形资源的价值可以是有形资源的 4~5 倍。企业社会责任建设能够提升企业的社会形象，激发员工的创造潜能，增加客户的满意程度，协调社会关系等，给企业带来丰厚的无形资源价值。而且，企业社会责任是一种时空要素兼备的多维无形资源。在时间上，企业社会责任是既能把握企业的今天又可控制企业的未来的资源；在空间上，企业社会责任的有关因素可以不断扩展企业发展的空间，激活企业的有形资源。企业社会责任通过时间上的持久性和空间上的延展性功能，实现企业的可持续经营。

基于企业的社会责任建设，企业为保持可持续发展的企业目标、发展路径、企业竞争优势的来源，正在持续地发生着变化，这种变革的程度决定着企业可持续发展的时间长短。可以说，没有企业的社会责任，就没有企业可持续发展的未来。

第四节　培育企业社会责任促进可持续发展

一、促进企业社会责任发展的措施

"坚持以人为本，树立全面、协调、可持续的科学发展观"标志着政府在发展观上的又一次重大突破。要实现科学发展观的战略目标，首先需要培育广泛的企业社会责任意识和实践活动，不但要使企业站在战略高度认识企业社会责任和可持续发展的重要意义，同时也要形成多种力量共同推动的局面，构建良好的社会责任发展环境。这些措施主要包括以下几点。

（一）提升企业社会责任意识

为了促进企业履行社会责任的实践，学术界对企业社会责任的驱动机理进行了深入研究，希望能找到引导企业积极履行社会责任的动机和促进实践发展的机制。

大量的理论研究和实践总结皆以说明履行企业社会责任有利于培育良好的声誉和利益相关者的商誉价值，降低经营综合成本和提高运营的效率，有利于规避企业的非系统风险和更好的风险管理，有利于通过产品差异化和/或责任标签的溢价定价能力获得竞争优势，降低政府调控的威胁以及减少"运动风险"（即由外部激进团体有针对性地抵制），保持员工的积极性和加强对员工的稳定性"，开发绿色技术产品的竞争优势以及开辟新的市场等。这些研究的成果也进一步说明了企业不好的社会责任表现一定会带来不好的长期财务绩效和企业风险。

由此来讲，提升企业社会责任意识，除了以道德、公正的"企业公民"思想引导自我实现和超越的社会价值理念之外，进一步的措施就是加强正确引导，使企业普遍充分认识到强化社会责任的必要性和紧迫性。现在要充分利用国际社会普遍认同的 ISO 26000《社会责任指南》国际标准全球化推行的机会，对企业尤其是国有企业进行强化社会责任的教育，使其认识到企业社会责任与企业可持续发展的重要性，认识到社会责任是企业的竞争优势以及必须履行的义务，是进入国际市场的"品牌"和"通行证"。

（二）培育促进企业社会责任发展的外部环境

从西方企业社会责任的理论和实践发展历程可知，企业社会责任的发展是一个长期努力的过程。从中国的实际来看，这个过程主要不能靠企业自身的觉醒，而是一个需要社会力量不断启发、不断培育，甚至在开始阶段带有一定强制性的过程。培育企业社会责任促进经济、社会和环境可持续发展，需要社会各种力量的共同参与和积极推动。

第一，政府要完善相应的政策和制度，引导和激励企业切实承担可持续发展的社会责任。

政府作为市场经济中的一个富有规制作用的主体，其政策会对企业的经营决策产生重要的影响。政府要把市场经济制度与环境资源保护结合起来，把促进企业发展和社会健康发展结合起来，把实施可持续发展的产业政策、区域政策、财政金融政策和贸易政策与全球经济、社会和环境的和谐发展结合起来，建立促进企业社会责任履行的制度和激励政策，建立企业的社会责任信息披露和公共监督制度，引导有利于经济、社会和环境可持续发展的社会活动，培育促进企业社会责任的市场和社会压力，从而提高企业承担可持续发展社会责任的积极性。

第二，要创造健全的法律法规环境，充分发挥法律的利导性，使企业从服从法律规范的角度承担可持续发展的法律义务。

在我国目前的实践基础上，需要继续完善有益于可持续发展的自然资源保护和环境保护的法律法规，保护劳动者和消费者权益的法律法规，促进社会道德和公益事业的规制，促进和谐社会和科学发展的市场机制，加大宏观调整力度，从司法限制、市场管制、社会引导等多方面，构建和加强促进可持续发展的法律法规。非系统风险又称非市场风险或可分散风险，它是与整个资本市场相关金融投机和市场波动无关的风险，主要受公司的经营管理、财务状况、市场销售、重大投资等因素变化的影响，也被理解为企业的健康状况以及企业的内部风险环境。

第三，提高非政府组织（NGO）和非营利组织（NPO）对可持续发展和社会责任的宣传和教育，从公众和市场的角度推动企业承担社会责任的实践。

在市场经济条件下，NGO 是一种非常活跃的角色，可以做很多政府力所不能及的工作，需要我们高度重视。NGO、NPO 通过举行环境保护演讲、展览、演出、情报交流、学术研究、义务活动等各种群众性活动，使可持续发展观念和社会责任意识深入人心。尤其是环保型的 NGO、NPO 关注可持续发展中的实质性问题，如出版的《地球家园》、组织的"中国青年绿色行动"等活动，产生了很好的社会反响。他们具有较高的专业化水平，代表公众对企业的违规和不道德行为提起诉讼，捍卫公众的权益，定期公布调查报告，对资源和环境、人权和公正、劳工和劳动实践、社区和消费者等问题进行及时分析报告，督促企业承担社会责任。

二、建立可持续发展的企业战略管理

可持续发展战略是从经济——社会——环境和谐发展的高度来规划企业的发展战略。它要求企业在兼顾自身利益目标的同时，也要关注全社会以及子孙后代的利益，也就是说，它要求企业以包括经济、社会和环境的长期价值最大化作为奋斗的目标，培育企业持续竞争优势和可持续发展能力。这实际上就是可持续发展战略对企业履行社会责任的具体要求。

（一）建立健全企业社会责任治理结构

企业的社会责任战略意图往往会在战略决策的组织、方针和策略中予以体现，并且，领导作用对企业社会责任的使用常常是最为有效的执行措施。因此，要真正体现出企业对社会责任的重视，确保企业社会责任管理落到实处，首要的工作就是在企业最高决策的治理结构中设立社会责任决策和管理的核心职能，如委员会等相关管理机构，并且有董事会和经理团队对此承担责任。

从国外经验来看，跨国企业承担社会责任的实现方式主要有两大类：

董事会决策模式和董事会承担经理决策模式。董事会决策模式是在董事会层面设专门委员会（一般称为社会责任管理委员会、公共政策与环境委员会、公共事务委员会或公共政策委员会等）负责企业社会责任事项，这些社会责任的专门委员会对与公司相关的公共政策、法律、安全和环境等事项，负有评估和提出相关建议的责任。董事会承担、经理决策模式是在董事会的职能中明确董事会要承担企业社会责任，而在操作上则授权给公司的管理层。

（二）创新融入企业社会责任的战略管理

企业要真正承担社会责任，需要从可持续发展的"企业公民"战略高度进行管理，把企业社会责任作为长期战略任务，并贯穿于企业文化和战略发展的始终，在企业经营活动的具体决策上，把社会成本（包括资源、环境和人本）因素纳入总体投入资本设计，通过"社会责任会计"审计和评估责任收益，追求整体"社会效益"的最大化。

企业管理层还应当认识到履行社会责任，是全面落实科学发展观，构建社会主义和谐社会的必然要求，履行社会责任也是企业对企业价值的全面追求、企业自身持续稳定发展的客观需要。企业高层管理者应认识到企业社会责任管理的重要性，上升到企业战略的高度，将企业社会责任管理的系统工作当作"一把手"工程来抓，从三方面做起，形成企业社会责任的文化价值观：首先，企业要进行社会责任价值观的内化和渗透，融入企业文化核心思想和管理制度体系；其次，对企业决策层、管理层、执行层的社会责任认知和工作方法进行系统的教育和培训，使之融入企业的经营流程和制度中；再次，提高企业道德文化建设，加强企业与利益相关者的双向沟通，用透明和道德的行为树立"企业公民"的品牌形象。

（三）建立企业社会责任管理体系

从企业社会责任管理的相关理论研究可知，企业社会责任管理本质上是一种管理模式、一整套指导原则，是以促进企业注重内外部利益相关者和社会价值创造的战略性决策及控制。从这些研究还可以看出，企业社会责任管理作为一项新的战略管理思想，主要特征表现在三个方面：一是主张建立在价值理念基础之上的企业战略管理行为，一个关键要素是确保责任是内置到企业愿景和价值观中，以使制度化的行为规范能够贯彻；二是强调流程式管理导向的决策过程，将影响企业经营的关键社会责任因素进行分析，纳入到一个系统的识别、分类、管理和评估等管理流程中；三是普遍遵循了类似于全面质量管理的 PDCA 循环管理模式。

由此来讲，把企业社会责任融入企业核心业务流程和企业管理体系，是一项涉及到企业愿景、价值观、发展战略和管理模式的系统工程。企业社会责任管理的主要特征表现在目标定位、管理模式（流程式管理决策）和管理措施三个方面，即"在明确的企业社会责任目标定位和衡量标准的基础上，通过将影响企业社会责任目标的关键因素进行识别，纳入到一个系统的企业社会责任分析、企业社会责任管理和企业社会责任评估的管理模式中，同时在此管理模式基础上，建立一整套制定战略、确认管理策略以及激励和持续改进的管理体系，以最终保证战略目标的实现"。其中，这种流程式管理决策的模式主要包括社会期望主题识别、利益相关者识别和参与、战略性利益相关者分类、利益相关者管理、企业社会责任管理绩效评价等几个方面。

（四）积极处理好企业与各利益相关者的关系

企业的最大使命就是通过开发和提供市场所需的产品和服务，只有保证稳定的市场回报，才能实现企业对债权人、股东、员工等的责任。因此，企业首先要重视的就是履行与消费者有关的责任。履行企业对消费者的责任，首先要保证产品和服务的质量与安全，其次，企业应注意保护消费者信息，做好客户关系管理。要做到这几点就必须从管理者和员工的意识上，提高企业全员的产品质量意识，并从管理体系方面努力，整合从设计到开发、生产、流通、销售、消费的所有环节，在企业内部建立质量管理体系并力求通过相关认证，还要不断改进产品设计与工艺，更好地满足消费者的现有需求并开发消费者的潜在需求，提高消费者对企业产品的满意度和忠诚度。

建立良好利益相关者关系也是企业履行社会责任的重要方面，企业要加强利益相关者关系管理，就必须做到向利益相关者提供透明的产品和服务以及决策和经营信息，积极采取措施建立与利益相关者的双向互动以及利益相关者参与。利益相关者的参与包括利益相关者的对话是增加可信性的重要手段，只有这样，所有参与者的利益和意图才可以理解和发现，建立信任，提高可信性。利益相关者的参与也是验证企业声称其社会责任绩效的基础，包括让利益相关者定期审查或以其他方式监督企业的绩效。

并不是所有的利益相关者都对企业的决策和经营活动有重要影响，在对企业的利益相关者关系进行管理的过程中，可能会遇到企业与个别利益相关者或利益相关者群体的利益冲突或分歧，比如股东和员工，解决冲突或分歧的有效方法常常会形成正式劳动合约的一部分。为此，企业也需要明确利益相关者解决冲突和分歧的程序和详细办法，这些程序和办法也应该是公平和透明的。

（五）积极参与和促进社区发展，树立"企业公民"品牌形象

如今，人们已经普遍接受企业与其经营的社区之间存在的共生关系。这种关系可以理解为企业基于社区的参与和促进社区发展获取更多的社会资源，以促进企业的进一步发展，如教育和环境。同时，社区基于企业的参与和促进发展的支持获得解决"贫困、失业和社会排斥"等问题的方法。由此可见，企业以尊重的方式（无论是单独或通过协会）参与到社区及其机构中，致力于增强公众利益，不仅有利于自身发展，也有助于加强社区的民主和公民价值观。

社区参与，超越了与企业决策和经营业务影响相关的利益相关者识别和参与，还包括了支持社区发展。企业的社区参与承认了社区对于企业的价值，并与社区分享了共同利益。企业对社区发展的贡献，在于有利于促进社区整体福利水平的提高，从广义上理解就是人口生活质量的提高。社区发展是社会、政治、经济和文化特点的结果，社区中利益相关者可能会有不同的利益（甚至相互矛盾），共同的责任是把促进社会福利作为共同的目标。由此，企业对社区发展促进的关键领域在于：企业可以通过扩大和多样化的经济和技术发展来促进就业、财富和收入增加，通过财政支持和员工志愿者行动扩大教育和技能发展方案，通过社会投资举措创造地方经济发展，保护文化以及提供社区健康和卫生服务。社区发展通常是社区先进的社会力量努力促进公众参与，为所有公民追求平等的权利和尊严的生活标准，并不得歧视，它是一个社区的内部过程。

慈善事业是促进社区公平、道德和谐关系的一种无私的支持与奉献的事业，它是企业社区参与和社区发展的一种重要形式，不是也不可能是社区参与和促进社区发展行动的替代物。但当前，慈善事业却被我国企业和公众普遍认知为社区责任的主要形式，因此，企业还应当积极促进社区参与和社区发展的引导，通过员工志愿者活动以及与非营利组织进行合作，来培育和履行社区责任的发展，树立积极的"企业公民"品牌形象，以提高企业的公众形象和社会影响力。

（六）促进企业技术创新实现经济增长方式的转变

一个负责任的企业在产品、服务的技术开发过程中，一定会注重节能减排、提高资源有效利用、考虑可循环和长期使用的功能等产品开发的设计。从"千家企业节能行动"开始我国已逐步加强了对节能减排产品的开发推广，国务院颁布了《中国应对气候变化国家方案》，国务院节能减排工作领导小组也随之转变为国家应对气候变化及节能减排工作领导小组。资源节约成为影响中国企业经营的重要因素，政府节能减排和环境保护力度的进一步加强，也促进了企业从粗放型的资源、环境依赖型经济增长向技术、生态性经济增长方式的转变。因此，企业只有积极履行社会责任，加大技术创新力度，才能通过优化经济增长方式培育新的竞争优势。

企业进行技术创新过程中，虽然在短期内会增加企业支出，影响企业利润，然而从长远来看，随着国家对于企业履行社会责任奖励性政策的逐渐出台，社会对节能减排产品的接受度增强，企业的长远利益会得到更大实现，从而实现企业经济增长方式的转变，提高企业的可持续发展能力。

综上所述，企业社会责任实践的内容和措施非常广泛，几乎涉及企业日常运营的方方面面，而且通过前面的分析可以知道企业社会责任的履行对企业可持续发展能力的积极影响也是非常明显的。尤其是随着人类经济社会的不断发展，企业履行社会责任已成为社会发展的必然要求，在这种情况下，企业社会责任也成为企业生存发展的必然要求。因此，企业作为社会的细胞，要想求得持续发展，必须完善对企业社会责任的认识，提升企业社会责任整体意识，建立可持续发展的企业战略管理，通过技术创新实现经济增长方式的转变，积极参与和促进社区发展，树立"企业公民"品牌形象，这样企业才能得到社会的认可，实现可持续发展的目标。

第八章 国内外企业社会责任实践

第一节 国外企业社会责任成果借鉴

在经济全球化的背景下，为应对在此过程中可能面临的挑战，众多国际组织加大了对企业社会责任发展的重视，积极倡导企业社会责任的开展，相继提出了相关的标准、守则和倡议，并成立了有关组织和机构。其中影响比较大的机构和组织有：联合国全球契约组织（United Nations Globa Compact Organization）、国际劳工组织（International Labour Orgainzalion）、经济合作与发展组织（Organisation for Economic Cooperationand Develo-pment）和国际标准化组织（International Standardization Organization）等。上述机构和组织制定了可覆盖多数行业和区域的社会责任一般标准，为企业更好地践行社会责任奠定了基础。

（一）联合国：全球契约计划

全球契约是在经济全球化的背景下提出的。20 世纪 80 年代以来，高新技术的蓬勃发展促进了全球经济格局的变迁和国际沟通交流的深化。但不可否认的是，经济全球化的过程中既有广阔的机遇也存在着巨大的挑战。在机遇方面，产业结构得到升级，企业兼并重组频繁发生，各国经济技术合作得到加强；在挑战方面，本土文化受到其他文化不断冲击，贫富差距逐渐加大，部分国家失业问题愈加突出，自然资源破坏严重、生态环境逐步恶化。上述问题也逐渐引起了国家相关组织和各国政府的高度关注，在此背景下，"全球契约计划"于 1999 年 1 月在瑞士达沃斯世界经济论坛被正式提出。

全球契约计划的框架包含了 10 项基本原则，覆盖了包括劳工标准、环境、反腐败和人权等几个维度。在此框架下，构建起一个获得共同认可、促进可持续增长、提高社会效益的体系，使企业在各自影响范围内遵守、实施，在履行社会责任和不断创新方面做出表率。

1. 全球契约的内容

全球契约是在标准、环境、反腐败和人权四个方面达成的一致共识，该契约共有 10 项基本原则，如表 8-1 所示，源于《关于环境与发展的里约宣言》《联合国反贪污公约》《国际劳工组织关于工作中的基本原则和权利宣言》和《世界人权宣言》等。

表 8-1　全球契约的主要内容

全球契约的 10 项基本原则	
1	企业应在自身影响力范围内支持和尊重国际人权
2	企业应远离践踏人权者
3	企业界应确实认可集体谈判权并支持结社自由
4	企业应消除任何方式的强迫和强制劳动
5	企业应承诺不使用童工
6	企业不应该在就业方面给予任何歧视
7	企业应积极预防并应对环境挑战
8	企业应积极主动采取措施，在环境方面履行更多的责任
9	企业应积极研发和使用对环境无损害的技术
10	企业应杜绝和反对任何贪污，包括敲诈、勒索和行贿受贿

从上述全球契约的主要内容可以看出，全球契约主要涉及标准、环境、反腐败和人权四个领域，这些领域尽管从表面来看相互独立，但事实上在内部这四个方面有着紧密的联系，比如，人权与劳工权利之间相互联系；自然环境直接影响着人们的健康和生命；反对腐败有助于维护公民间或企业间的公平竞争，能够帮助人们生活在一个公平安定的社会环境中。

2. 全球契约的目标

全球契约的目标是借助集体团队或集体的能力，使企业都具有一种需要担负社会责任的公民意识，并积极面对全球化过程中所带来的各种挑战。全球契约是一种在自愿意识下企业公民所提出的倡议，它要具备两个相互补充的目标：一是企业的战略和包含全球契约及其各项原则；二是要积极推动并加强利益相关者之间的关系，促进相关企业成为合作伙伴。

全球契约目标的实现需要企业界与联合国相关组织或机构、政府、民间组织联合在一起，通过政策对话或学习鼓励地方机构和企业积极参与相关项目工作，全力推进全球契约的 10 项普遍原则的应用。它所提出的问题概括了一个履行责任的企业应该具备什么样的行为，企业公民应该实施什么样的行为以推动社会的发展，政府以及联合国应该采取什么机制去加强本国以及全球的社会治理，民间社会团体又应该如何监督和推进企业的社会责任的发展。全球契约不是一项管制手段——它依赖的是对公众信息透明、负责、企业文化，依靠的是政府、民间社会和劳工联合起来如何实施有效的行动来遵守全球契约提倡的各项原则。

在全球范围内，全球契约已成为最大的推动企业公民的倡议活动。在同类倡议中，全球契约是唯一以世界上全部国家政府赞成的普通原则为基础的。不仅如此，全球契约也是与发展中国家的接触程度最深的倡议活动，其中参加全球契约的企业所涉及的国家中有一半来自发展中国家。

3. 全球契约如何推动企业社会责任

2005 年 6 月，联合国成立了全球契约理事会，该理事会由联合国组织机构代表、国际组织、企业和劳工等组成，主要目的是为全球契约的可持续发展提供战略指导和政策建议。全球契约的特点是资源性和广泛性，其对象覆盖了各类企业和机构。与此同时，全球契约也会定期通过举行相关活动、通过一系列程序来促进企业的参与。

第一，通过致函联合国秘书长表明对全球契约及其原则的支持。这是企业履行全球契约的第一步，也是最重要的一步，通常由企业总裁（在可能的情况下经董事会批准）执行。企业最高决策者的承诺既体现了其对该项目的拥护，也展现出企业对社会责任（包括经济、环境、利益相关者等维度）进行承担的决心。因此，全球契约将该声明作为评价企业社会责任方面最基本和首要的标准。

第二，将契约原则纳入企业战略、制度、文化等方面以推进对契约的履行。在中国的全球契约标准和实施程序中，为使企业的社会责任行为得到系统的反映和运行的保障，建立了保障体系和级别评定制度，形成企业履行全球契约社会责任的展示平台，并能够以此检验和改进。

第三，通过各种方式和手段实现对全球契约的推广。企业为了提高社会形象和社会信誉，让社会熟知自身履行全球契约的行为和成果，应当加大公共活动和媒体宣传力度，提高全球契约的"知名度"，呼吁和吸引更多的组织机构参与和加入。

第四，希望企业在其企业社会责任报告（或类似的公司报告）中指出企业在支持全球契约及其 10 项原则采取了哪些实质性的行动或措施。联合国要求企业发布企业社会责任报告或年度报告，描述企业支持全球契约及其 10 项原则采取的实质行动，上报联合国表明企业的改变，并向社会和公众展示。年度报告表现企业在本年度各项目标的实现程度，通过保障体系的各项目标、指标和要素的得分表现出来。同时通过相对于上一年各项目标、指标和要素分数的变化，反映企业改进社会责任行为的成果。企业需要在年度报告中具体描述新增的社会责任行为和所获的各项认证、评定、荣誉以及专项评估，反映企业持续改进的成果。提交年度报表会在一定程度上使企业的行为受到如国际环境组织、消费者协会、人权组织或者相关机构的监督，无形中给企业形成了一定的压力，迫使自己必须主动承担起社会责任，认真履行全球契约的相关原则。

4. 全球契约意义

全球契约计划的提出和推广，为企业在建立国际联系，更好地进行商业合作，提高国际形象和品牌等方面提供了机遇，最终使企业成为具有担负和履行社会责任的公司。企业通过制订有关履行全球契约的管理计划和措施，可以扩大公司的发展视野，获得更大的商业机会。企业根据行业和所在地区的不同，参与全球契约计划的方式也各有差异，但其行动仍有相似之处，例如企业通过对投资者、顾客、雇员、商业伙伴、舆论团体和所在社区利益的关注和保护来形成独特的竞争优势，成为各自领域中的领导者。此外，他们都积极地制定新的发展规划和实施战略，使大多数人而非极少数人在经济全球化的背景下获得收益。

不仅如此，参与全球契约的企业能够获得更多机会与有共同志向的企业或组织机构相互交流、学习与合作，促进与政府组织、非政府组织的沟通协作，以此感受到自身在履行责任方面做出表率后获得的收获。

（二）国际劳工组织：国际劳工标准

1. 国际劳工标准的内容

国际劳工组织（International Labor Organization，ILO）于 1919 年在社会民主人士、改革者、学者和劳工组织的倡议下，由 42 个国家的政府机构、企业组织和工人组织在华盛顿成立。国际劳工组织成立以后，制定了一系列国际劳工标准公约，其中强迫劳动、童工、结社自由、就业歧视、集体谈判等涉及劳动者基本权利的 8 项公约被称为基本公约或核心公约，此外还有与工资报酬、休息时间、社会保障、工作时间、职业安全与卫生等有关的若干重要公约，这些公约是在国际劳工组织成员国的认同的基础上制定的，对成员国具有较强的约束力。

制定的标准包括国际劳工公约和建议书。其中，公约已经成为一个国际性条约，它对劳动和社会问题做出了相关的法律规定，具有一定的强制力，而建议书则是无法律约束力的文书。国际劳工公约有 8 个核心公约，主要涵盖了禁止就业歧视、禁止强迫劳动、消除剥削性童工、结社与集体谈判自由四个方面的内容，8 个核心公约分别是第 182 号《最恶劣形式童工劳动公约》（1999 年）、第 138 号《最低就业年龄公约》（1973 年）、第 111 号《就业和职业歧视公约》（1958 年）、第 105 号《废除强迫劳动公约》（1957 年）、第 100 号《同工同酬公约》（1951 年）、第 98 号《组织和集体谈判权利公约》（1949 年）、第 87 号《结社自由和保护组织权利公约》（1948 年）和第 29 号《强迫劳动公约》（1930 年）。

2. 国际劳工标准的特点

国际劳工标准的特点主要表现在国内性、灵活性、自愿性、三方性和严格的监管程序五个方面。

（1）国内性。该特点主要表现在国际劳工标准的适用范围方面，其目标是协调成员国国内劳动关系。其主要的措施和手段包括改善工作环境、提高最低工资、调整劳动关系、健全社会保险、加强工会权利、限制工作时间等。相对于国内劳动关系，对跨国劳动关系如外籍员工待遇等方面的条款则比较少。

（2）灵活性。该特点主要表现在国际劳工标准条文的规定方面。虽然国际劳工标准普遍适用于各个成员国，但在草拟条文时，为适应不同国家的具体情况，综合考虑多方因素，规定一些在可能出现问题时必要的变通办法。

（3）自愿性。各国在是否批准和执行该标准上具有自主性。虽然国际劳动公约和建议书获得了超过 2/3 成员国的认可，但其不具备即时生效或强制生效的特点。换句话说，公约和建议书在不同的成员国国内仍需要获得当地政府批准方能具有法律效力。因此，成员国完全可以自愿决定对一个公约是否批准。

（4）三方性。所谓"三方"就是指政府、雇主和工人。三方性具体体现在各成员国派出政府、雇主和工人等三方代表团参加国际劳工大会，负责制定国际劳工标准；每个国家的三方代表独立讨论公约和建议书草案，可独立发表意见和投票。

（5）监督性。国际劳工标准通过一般监督和特殊监督两种方式获得实施。其中一般监督是基于成员国提交实施公约状况的报告，该报告是劳工组织章程规定成员国必须提交的；特殊监督包括申诉、控诉和特别控诉三种程序。

3. 国际劳工标准的功能

国际劳工标准的功能包括调节成员国国内劳动关系和国际贸易竞争。在国内关系上，主要目的是促进成员国劳动标准的同一性，有利于各成员国的社会稳定和促进经济发展。在国际性方面，调节不同地区间的劳动力成本，减少对跨国投资的负面影响，促进世界贸易的发展。

4. 国际劳工标准的意义

（1）维持劳工市场上的相对平等。

国际劳工标准几乎涵盖了保障劳动者最基本的生活权利、保护安全与健康、保证公平参与社会活动、创造平等的就业和职业发展机会等所有方面的问题，这也体现了国际劳工组织对社会公平的追求。同时，国际劳工标准在削弱贸易壁垒、反对劳工歧视方面做出相当大的贡献，并因此获得了 1969 年诺贝尔和平奖。

（2）推动社会进步。

一方面，劳动世界的面貌能够集中体现人类社会发展水平，劳动世界面貌的改变在一定程度上能够促进人类社会的进步。而国际劳工标准正是在政府、雇主和工人三方的共同努力下来改变劳动世界的面貌。

另一方面，当一个国家成为国际劳工组织成员国时，就意味着该国家正式承认了国际劳工组织的宗旨和目标，并承担起改善本国劳动条件、推动社会进步等方面的义务。目前，对各国社会进步的测评标准上已经把该国是否与国际劳工标准接轨纳入其中。

（三）经济合作与发展组织：跨国公司行动指南

1976 年，经济合作与发展组织（Organization for Economic Co-operationand Development，OECD）制定了《跨国公司行为准则》，并获得了 34 个国家政府的共同签署，使其逐渐在全球范围内得到推广。该准则在 19 世纪 70 年代在全球范围内的企业准则运动中做出重要贡献。《跨国公司行为准则》自发布以来，已经成为全球投资者、企业和其他利益相关者的一个国际性的基准。该准则成为 OECD 和许多非 OECD 国家在改善公司治理、主动应对法律和规章制定等方面的指导准则。此外，该准则也被世界银行和国际货币基金组织的《关于标准和规范遵守情况的报告》采用，并成为在公司治理方面的一部分。2002 年，经济合作与发展组织对这一准则进行了修订，将其重点放在了可持续发展上，新修订后的准则对于企业履行社会责任具有更强的指导意义。

1. 跨国公司行为准则适用范围

跨国公司行为准则的适用范围，主要有以下六点。

（1）企业出于自愿而非强制性地遵守本行为准则。

（2）成员国政府须鼓励在本国经营的企业遵守本原则。

（3）本准则适用于任何所有权性质的企业（国有、私有、外企或混合所有制）。

（4）本准则适用于与跨国企业内部所有实体（母公司或子公司）。

（5）跨国企业和国内企业同等适用于本准则。

（6）成员国政府积极推广实施本准则。

2. 跨国公司行为准则主要内容

（1）合理的治理结构。

公司治理结构应符合相关法律规定，对市场透明、公开，同时要有清晰的责任分工，能够结合不同的监管和规范，以便更好地实施。

（2）股东权利和所有权股东的基本权利。

其应该包括对其所有权的登记保密，转让股份，及时、规范地获得有效真实的公司信息，参加全体股东大会并具有投票，推选和解聘董事会成员的权利；分享公司利润。

（3）股东的公平待遇。

股东的权益受到侵害时，企业应该给予合理的赔偿；公平对待同层次、同级别的所有股东；禁止内幕交易和恶意的自我交易；董事会成员和高级管理层应该向董事会披露他们是否直接或间接代表第三方，是否有影响企业利益的交易或事项。

（4）利益相关者的作用。

企业应承认法律或双边协议中确立的利益相关者的权利，积极与利益相关者在创造就业岗位、企业经营等方面积极合作。

（5）信息披露。

企业以报告等形式对以下信息进行披露：财务报告和经营绩效；企业发展战略；主要股东情况和投票权；董事会成员、监事会成员和高级管理人员的薪酬情况和相关简介；董事会成员、监事会成员和高级管理人员任职资格、选举办法；在其他公司管理者任职人员是否被董事会看作是独立的；股东会、董事会会议决议事项；公司治理结构和相关内控制度政策；关于职工和其他股东的问题；可预见的风险因素。

（6）董事会的职责。

公司治理结构应确保公司的战略能够得到有效实施，对董事会可以进行有效的监督，确保董事会能够履行对公司和股东的受托责任。

总之，跨国公司行为准则的内容具有综合性的特点，涵盖一般政策、环境、信息公开、消费者利益、反对贿赂、科学技术、劳资关系、税收和竞争等方面。随着跨国公司行为准则的影响面的扩大，越来越多的跨国公司把该准则作为自身的行为守则。

3. 跨国公司行为准则意义

OECD 关于跨国公司的准则是成员国政府对跨国公司提出的建议，这些建议是依据相关法律对跨国公司的经营行为作了相关规定并制定相关标准和原则。该准则旨在保障公司在经营过程中不会与当地政府的相关制度发生冲突，以改善对外投资，增进跨国公司对于企业社会责任的认识和贡献，对开展公司治理改革、建立公司治理规范、制定新的立法和采取新的监管举措，都产生了重要影响。

第二节 推动我国履行企业社会责任实践

我国企业社会承担社会责任的情况，可以从以下几个方面来进行分析和研究。

一、不同所有制企业承担的社会责任

（一）国有企业

党的十九大提出，我国社会主要矛盾已经转化为人民日益增长的美好生活需要和不平衡不充分的发展之间的矛盾。只有不断提高人民的获得感和幸福感，才能更好地推动我国社会与经济的持续健康发展。国有企业作为社会主义公有制经济的重要组成部分，其享有更丰富、更优质的资源，只有不断提高国有企业的社会责任意识，才能更好地实现人民对美好生活向往的目标。对国有企业来说，履行法律责任是其基本要求，同时也是通向更高层社会责任的桥梁，是展望高层社会责任的手段，概括地说，就是要以"法律"为手段、履行"初层"、引领"高层"。法律责任的承担是一切的前提，绝不能在履行"初层"和"高层"社会责任时遗漏了法律责任，同样地也绝不能仅仅为了保证法律责任的实现而全然不顾初高层社会责任。法律责任与初层社会责任、高层社会责任互相关联、互相影响、互相促进，三者不可分割。国有企业履行好了法律责任之后，企业才能拥有良好的经济基础、好的财务状况，为履行初层社会责任和高层社会责任做铺垫。前文提到，所有制性质决定了国有企业与生俱来的义务与责任——履行初层社会责任和高层社会责任，这是作为国有企业应当承担的。

这里把企业社会责任层次模型划分为三个层次：法律责任、初层社会责任和高层社会责任。法律责任是指国家法律、法规明文规定的企业应该承担的责任范畴是最低限度的道德要求。初层社会责任是指约束力低于法律责任而高于高层社会责任，社会大众普遍期望的责任范畴，包括环境责任、社区责任和政府责任。高层社会责任是指相对于法律责任和初层社会责任约束力最弱的责任范畴，企业在完全自愿的基础上从事着惠及全社会人民的责任活动，由于企业实力之间存在差距，即使是有些企业不履行高层社会责任也不应该受到道德的谴责。

国有企业应恪守法律责任，并权衡法律、"初层"和"高层"社会责任之间的关系。通过对不同层次社会责任的战略制定和履行，树立良好的企业形象，增加企业竞争力。从企业的人力资源角度看，股东责任、贸易伙伴责任、消费者责任和员工责任构成了企业的责任结构，不应将股东责任与贸易伙伴责任、消费者责任和员工责任对立，认为它们之间的利益是此消彼长的，那样违背了股东权益最大化的初衷。将股东责任与贸易伙伴责任、消费者责任和员工责任联系为一个统一的整体，将其总和与法律责任对等，不仅不会损害股东的利益，还能够对股东权益最大化起促进作用。企业的存在具有社会性，利益相关者的利益能否得到保障也是企业股东利益大小的决定性因素之一，即消费者、员工、贸易伙伴可能因其权益受到侵犯而做出报复性举动，导致股东的权益也会随之受损。企业若想达到最佳的市场绩效，从内部角度就必须实现股东、消费者、贸易伙伴和员工得到理想的收益。国家的所有权在于人民，而国有企业的经济责任又是服务于国家的，所以从本质上来看，股东、员工甚至贸易伙伴和消费者都是国有企业的服务对象。因此，国有企业必须充分协调消费者、贸易伙伴和员工权益的关系。

国有企业的初层社会责任包括环境责任、社区责任和政府责任。中国经济自改革开放以来保持快速增长，人民物质生活水平得到很大提高，但在经济利益的背后，却是牺牲了生态环境的结果。电视、网络、报刊等媒体渠道接连有环境破坏的负面新闻报道，工业企业的环境污染问题引起政府有关部门的高度重视，中国环境保护部出台了一系列的政策措施，覆盖环保问题的方方面面，但是并没有发挥理想的效用，企业的污染行为还在继续，没有得到有效的约束。在这种情况下，国有企业尤其是国有工业企业必须挺身而出，以实际行动来呼应政府的号召，将环境责任的大"旗"扛起来，给民营企业和外资企业做一个带头的表率，营造一个共同携手治理环境问题的格局。当然，除在保护环境的方面，维护社区利益、响应政府号召等社会责任的重要组成内容，国有企业都应带头执行，用自身行动引导民营企业和外资企业。

在高层社会责任的部分，国有企业要做的很多。国有企业要分析当前社会不断变化的需求并判断未来走向，采取行动积极配合；还要在企业社会责任的标准翻新时起推动作用，保证新标准的顺利普及。与历史上的西方人权运动相类似，倡议和推广企业社会责任的运动也逐渐进入人们的视野之中。我国的社会责任运动起步很晚，但是发展速度却是不断加速的。该现象是社会大众意识的觉醒和对企业责任理念的充分体现。企业的利益相关者由自身权益出发也对企业施加各种压力，这使得企业社会责任内容也在不断拓展之中。目前国际经济形势不佳，很多国家政治都十分不稳定，这就需要国有企业承担起高层社会责任，缓解国内的紧张局势。

（二）民营企业

民营企业更多地带有"经济人"的属性，追求企业利润最大化是企业的最终目的，所以民营企业在经营过程中，只要在满足法律责任不被遗失的条件下采取各种商业目的的行为都是可取的，而某些民营企业主动承担社会责任，是他们想要追求更高层次的企业价值的表现。总结来说，民营企业以"法律责任"为基本要求、尽力履行"初层社会责任"、展望"高层社会责任"。2005年《国务院关于鼓励支持和引导个体私营等非公有制经济发展的若干意见》出台后，民营企业的发展进入一个前所未有的繁荣阶段，成为出口创汇的重要力量，极大地带动了国家的经济发展。民营企业的生产资料是私有的，所以经济责任，即为企业的利益相关者带来丰厚的物质回报顺理成章地成为民营企业的第一要务。企业切实地履行消费者责任、贸易伙伴责任和员工责任，为他们实现承诺的福利，也同时巩固了企业的股东责任，这是一个共赢的过程——履行初层社会责任、高层社会责任也会对经济责任的实现起推动效果。综上所述，在尊重民营企业的逐利性的前提下，不应把经济责任与社会责任相互对立，二者应该是相互协同相互促进的，履行好社会责任并不会损害企业的经济利润。

尽力履行"初层社会责任"的内涵在于，企业可以根据经营实力、资产状况等自身条件，量力而行，肩负起适当程度的环境责任、政府责任和社区责任。保证承担的社会责任内容必须与自身能力相匹配，这对民营企业来说颇为关键，过多的社会责任捆绑不仅企业无法顺利执行，还会对企业的根本利益甚至全行业造成负面影响。通常国有企业的规模都比较大，而民营企业由于起点低、政策支持少等原因，普遍企业规模不大并且技术水平不高，管理方式也不够正规化。所以，民营企业在创造经济利益时，更容易忽视对生态环境的保护，有时又由于资金投入不足或技术能力有限，造成了对环境的污染，注重短期利益而忽视可持续发展，这些都不利于人类的可持续发展。尽管民营企业环境责任的缺失有其经济实力不足的客观原因，但也必须在力所能及的范围贡献力量，从自身造成的污染着手，以法律、法规的相关要求为底线，尽可能地将污染的外部成本内部化，为自己的行为"买单"。可持续发展理念于 1980 年诞生，而中国政府也已将可持续发展作为一个长期的战略来规划实施，用"壮士断腕的决心"治理环境问题、加强生态保护，将可持续发展战略落到实处。政府通过制定相关政策和法律、法规对企业提出硬性要求，要求企业承担起社会责任，对自己负责，对国家负责，对全人类负责。民营企业者应当认识到，与多方合作共赢的发展才是长久之计。民营企业不仅要面对政府，还要面对所在地理位置的周边社会环境，所以民营企业不仅要和政府搞好关系，还应与所在社区和谐相处，多进行良性的互动，这样一来不仅能得到政府政策的大力支持，还能收到社会环境的良性反馈。因此，政府责任和社区责任也应受到民营企业的重视。

展望"高层社会责任"，反映的是对更高企业价值的追求。相比较其他层次的责任，高层社会责任是最难达到的层次，也是法律约束力最弱的责任范畴。对民营企业来说，实现高层社会责任是一项极其艰巨的任务，因为实现高层社会责任的成本是很高的，甚至有可能给企业带来一定经营风险。民营企业大多都是规模小、成立时间短的小型企业，实力不足以支撑去履行好高层社会责任。从操作层面上讲，这些高层社会责任的实现也会给企业带来很高的操作成本，有时甚至这样的发展规划和发展任务会与企业的盈利性不符，实施高层社会责任范畴中的有关行为虽然为社会带来了正的外部性，但是对于企业的收益却是非常有限的，与其巨大的成本相比实际上是牺牲了企业更好盈利的机会成本。所以，民营企业往往是不愿意主动实施的，民营企业应根据自身能力和意愿选择是否要将履行高层社会责任作为其整体发展战略的一部分，这是一种自主选择的能力，不应受到道德的硬性要求。社会大众中的一部分人坚决要求民营企业履行高层社会责任的观点是偏激的、片面的，高层社会责任的实施需要行为主体投入巨大的成本，以强大的资源配置能力来支撑，无论是组织、参与慈善活动，吸收社会剩余劳动力，保护本土幼稚产业，无一例外地都会对规模偏小的民营企业造成巨大压力，来自社会的不理智的过分要求与民营企业建立的初衷相背离。令人欣喜的是，即使是民营企业并未受到政策或法律的要求，还是在承担高层社会责任方面做出了很大的贡献，在慈善活动、爱心捐助、解决劳动力就业、抢险救灾等诸多方面，很多民营企业比国有企业做得更好。例如 2008 年汶川大地震，民营企业发扬民族团结的精神，主动捐款捐物，有的还赶赴灾区一线进行救援活动。在资金援助方面，天津荣程联合钢铁集团捐款 1.1 亿元，切实地表现出了民营企业对社会的责任感。

（三）外资企业

外资企业有着其独特的文化背景，其所有者本身来自其他国家或地区，西方的经济发展模式、社会体制都很不一样，这导致西方发达国家在企业社会责任的认识和行为偏好上与中国企业也有着很大差异。所以对外资企业的社会责任要求是比较轻松的，外资企业只须严格遵守"法律"，尽力履行"初层社会责任"，其来自"母国"的文化差异也理应受到尊重。尽管外资企业在社会责任的履行上呈现不同的特点，但是不可否认的是，与民营企业一样，外资企业在中国特色市场经济的建设中也发挥着重要的作用。目前，中国境内的外资企业以跨国企业在华设立的分支机构为主，所以，中国境内外资企业社会责任的履行很大程度上依附于其"母国"的社会责任理念。中国的传统文化以儒家思想为典型代表，对外资企业的运营者也产生了潜移默化的影响力，中国伦理价值体系中最核心的内容便是来自儒家文化中的"仁""义""礼""信"，而"己所不欲，勿施于人"，强调绝不能为了一己私利而去做出使他人受到损害的行为，这同样也体现出了"利他主义"。在中国传统文化传承的影响下，"大公无私"的精神被极力弘扬，

"利己思想"自然而然与"自私自利""不道德"等内容联系在一起。然而，西方发达国家的文化崇尚个人主义，重视个人利益的实现，以美国文化为例，理性人的必然选择就是追求个人利益最大化。企业，作为社会中的"独立法人"，拥有像"经济人"一样尽可能得到更大利益的偏好。对于企业经理人来说，首先要保证法律责任的履行，从反不正当竞争法、同工同酬法、消费者权益保护法等法律、法规中，西方企业对法律责任的重视程度可见一斑。一般情况下，在保障企业股东不受损失、企业正常运行的前提下，大部分外资企业都会选择自觉履行社会责任，这是一种达成共识的默契行为，也是一种较为明智的做法。

企业社会责任理论起源于西方，外资企业在企业社会责任方面的实践更早、更多、更成熟。必须承认，外资企业在生态环境保护、优化能源消费结构、提高能源效率等方面做得更好，有的甚至优于国内的大型国有企业和民营企业，这是因为外资企业的"母国"通常为西方先进国家，企业社会责任理念的发展更为成熟，并且利用先进的生产技术降低对环境的负面影响。所以，即使外资企业作为"初来乍到"的市场新进"角色"，且受地域、文化、环境等多重因素影响，但外资企业的经济实力和成熟的责任体系使得其能够轻松应对社会责任的履行，只要将主要精力放在与中国政府和所在社区保持友好关系上。

二、不同所有制企业在履行社会责任方面的共同点

（一）完成共同的最终目标

根据卡罗尔提出的"企业为股东谋取利润的责任"的论述，经济责任指在创新型模型中的企业对股东的责任。在企业法律责任范畴内，包含了股东责任、消费者责任、贸易伙伴责任和员工责任。由此可见，股东责任属于法律责任的一个部分。与谋取股东利润的相关方中最直接的几个有消费者、贸易伙伴和员工等等，相关方利益的实现情况会直接决定企业和股东利益的实现。根据前文的论述，按照"初层"和"高层"两个维度可以对社会责任进行划分，经济责任属于"初层"。因此，企业只有在履行好经济责任的前提下，才能更好地履行好高层的社会责任，照顾好消费者、贸易伙伴、员工和股东的共同利益，实现以经济责任为基础的社会责任的履行。

为了更好地发挥出社会主义制度的优势，实现人民的共同富裕，我国

确立了国有企业的核心地位。但是，中国经济的现实情况却没有被真正地认识清楚，中国在思想意识上脱离了实践，忽视了我国经济基础薄弱的真实现状，甚至还导致"企业办社会"等反常现象的发生，逐渐恶化到"人人没有饭吃、企业难以为继"的状况。众所周知，上层建筑由经济基础决定，因此，只有国有企业先将自身赚取最大化利润的经济责任完成好，实现利益相关者的权益得到满足责任后，才能够腾出空间、集中力量去履行社会责任，为社会大众做奉献。而对三类企业的综合分析可以发现它们的共通点，企业责任发展的最终结果都是在法律责任基础上履行社会责任。所以，不论企业归属何种类型，它存在的本质意义都是获取经济利益，包括中国国有企业在内，实现法律责任、发展可盈利的经济实体是基本要务。

（二）承担历史赋予的责任

从上文三种所有制经济发展的过程对比得出，国有企业在最初诞生时是一种制度性的安排，它的基本使命与高层社会责任范畴有众多交集，具体有：发展国民经济、解决就业问题、维护社会和谐等。从客观上来看，国有企业有限的经济实力是不足以满足以上各种需求的，这使得国有企业承担社会责任的范围十分受限，在实践时力不从心，"企业办社会"的成本远远超出了国有企业所能承受的水平。面对这样的情况，国有企业只有通过体制改革、切实提高其经营能力和盈利水平，才能履行起应尽的社会责任范畴。此时，为扫清思想上的障碍，必须明确几个重要的问题：国有企业的经济责任和社会责任是否有先后顺序？如果有，那么谁在先、谁在后？谁是目标？谁又是手段？这几个问题，并不难回答。毫无疑问，履行好社会责任，是国有企业的根本目标。在"企业办社会"难以为继的情况下，之所以为国有企业"减负"，适当地对国有企业的社会职能做减法，其目的是更多地解放出国有企业的经济能力，在把自身经济基础打扎实之后更好地投入社会责任事业中去。所以，对国有企业而言，重视经济责任是履行社会责任的一种手段，换句话说，国有企业改革、现代企业制度构建、经营效率的提高等都是为了实现国家经济发展、社会秩序稳定、就业形势良好等社会责任的重要方式。民营企业和外资企业在最终目标的确定上对比国有企业存在着本质的不同。生产资料所有制性质决定了民营企业和外资企业经营的根本目的——就是赚取利润以实现股东利益的最大化。因此，履行社会责任成为重要途径，以帮助企业获得更多潜在利益。

中国企业社会责任理论发展迅速，企业受利益相关者强烈要求必须用行动来履行社会责任，所以时代潮流决定了只有重视企业社会责任的民营企业和外资企业才能继续良性、健康地发展下去，反之，实现了利益相关方的利益也有利于企业自身利益的实现。因此，如何实现共赢的利益传导机制，如何使企业履行社会责任时所付出的成本真正成为一种能使企业获取经济利益的有效要素投入，是民营企业和外资企业所关心的话题。

国有企业社会责任的历史起点表明了国有企业的社会责任是历史赋予的。经济和社会是国有企业与生俱来的两重目标，必须共同实现，不能顾此失彼。因此，国有企业要想更好地履行社会责任，就必须在经济目标和社会目标间取得平衡。内在关系的权衡需要根据不同的行业和不同的资产性质对国有企业进行细分：对竞争激烈行业中的国有企业而言，应以经济责任的实现为重；资源垄断型的国有企业更应着重于社会责任目标，经济目标只是给社会责任目标起支撑作用。综上所述，以垄断性质为代表的国有企业，应"以法律为手段、履行初层社会责任、引领高层社会责任"，切实承担起社会责任范畴，成为企业社会责任的先头兵，为民营企业和外资企业树立榜样。

三、企业社会责任在实践中的问题

国有企业、民营企业和外资企业在履行各自社会职责的过程中看到许多实践中出现的问题，这些问题多以"企业忽视社会责任、过分追求企业利益最大化"为主。而这些问题出现主要有以下三个原因。

（一）企业具有一切经济人所具有的特征

"经济人"简而言之便是在经济运行过程中以营利为主要目的的企划执行者，多称为"理性人"和市场中的"唯利人"，以追求经济利润最大化为生存的主要目的。企业也是这样。现实生活中，企业的经济效益会溢出，形成正外部性；企业的生产成本也会溢出，形成负外部性。也就是说，在绝大多数情况下，企业履行社会责任会使得其应得的自身利益小于其创立的成本值，而此时企业逃避社会责任所带来的负面影响小于其预期中所应受的社会效益。对企业而言，通过成本—收益的比较，权衡利弊之后的选择是否完全承担自己的社会责任，对国有企业也是一样。因此，不同的企业在选择不同的人格起主导作用的时候，所做出的选择是不同的。让社会人人格作主导时与经济人主导时的主要差别就在于社会人人格会引导企业切实履行社会责任。而在国有企业选择让经济人人格作主导的时候，国有企业可能会因此而做出逃避社会责任的选择。

（二）阶段性特征影响着企业社会责任的发展

中国企业社会责任的发展的阶段性特征大约可以简述为从被动履行社会责任到主动履行社会责任。而一些附带现象的发生也是不可避免的，例如一些偏离社会目标的行为。"阶段性特征"有其优越性,同时也有其滞后性存在。一是相对于企业的建立与管理这方面的法律、法规还未健全与完善；二是市民社会建设的滞后性。首先，法律、法规建设的滞后性。市场经济体制改革的发展，为中国经济的发展带来巨大的成就，注入了活力、提供了增长的动力，但是，配套的市场法律、法规体制还不完善，中国的经济实力走在了法制建设的前面，这也是企业逃避社会责任的客观原因之一。其次，市民社会建设的滞后性。市场经济的高速发展为市民社会的产生创造了前提条件。社会活动领域主要包括政治、社会化大生产、经济、社会管理等内涵，精神生产领域则主要包括科学、艺术、哲学等，二者在高速发展中创造了现代工业文明。就市民社会中独立组织的作用，民主思想家达尔曾经做出如下高度评价："独立的社会组织在一个民主制中是非常值得需要的东西，而且这种社会组织的出现，不仅仅是民族，更是国家统治过程民主化的一个直接结果，也是为民主过程本身所必需的。"目前，国内的社会组织发展还不完善，对企业没有实质性的约束力，无法对责任行为进行合理的引导，在企业社会责任体系中发挥的作用有限。

（三）制度约束软化

制度的形式可以分为正式和非正式两种。不论其中的哪一种制度，对于稳固企业的发展、克服内部失衡以及在监督企业社会责任职责上都有十分明显的促进作用。

一方面，国内的正式制度过于笼统，无法充分发挥引导企业行为的作用。在正式制度方面，中国政府先后颁布了企业法、环境保护法、消费者权益保护法、劳动法等正式的法律、法规。虽然在一定程度上对企业的负面行为起到了约束作用，但是执法难度大，弱化了制度的约束力。通常情况下，由于现实情况过于复杂，正式的制度不可能完美规定到每一个细节，无法兼顾企业发展过程中的生产、经营行为的方方面面，一些企业可能会因此逃避自己的社会责任。

另一方面，非正式制度的宏观制度环境尚未形成，中国企业整体上的社会责任感有一定的不足，行业协会等社会组织也没有行之有效的约束和引导措施，这使得国内许多企业的发展体现出利润导向型特征，履行社会责任的使命感不足。制度不完善成为国内企业社会责任感不强的因素之一，且在短期内难以得到根本性的改变。

四、中央企业与企业社会责任

与地方企业不同，中央企业是由国务院国资委监督管理的重点骨干企业，是真正意义上的全民所有制企业。改革开放初期，为建立坚实的经济基础，中央企业享受到政策的支持和人民的拥护。现如今，经济社会的发展快速有序，社会主义市场经济体制的完善不断深化，中央企业的效益和实力也迅速壮大。作为改革军中先锋的先锋，中央企业理当反哺社会、主动承担社会责任，未雨绸缪，与时俱进。

中央企业是中国共产党执政的重要基础，也是全面建设小康社会和构建和谐社会的中坚力量，所以被称为"共和国长子"。在中国特色社会主义市场经济体系中，"共和国长子"的地位和影响力亦是不言而喻。积极履行社会责任已成为当今世界时代潮流，若要激励更多的企业主动承担社会责任，中央企业就必须做出表率。

（一）中央企业的特殊地位

1. 中央企业的含义

国有企业和国有控股企业在中国这样一个以公有制经济为主体的社会主义国家的经济发展中起着重要的支柱作用。国有企业是与民营企业相对的概念，有时也成为公共企业、公有企业等。在国际惯例中，国有企业专指一国中央政府或联邦政府投资或参与控股的企业，而在中国，国有企业包括中央企业和地方企业，其中，地方企业是指地方政府投资或参与控股的企业。

国有企业的性质是全民所有制企业，是社会主义生产关系的特殊表现形式，属于全体人民共同所有，由政府代表人民行使监督管理权。按照监管主体的不同，国有企业包括中央企业和地方企业，中央企业是由中央政府监督管理的国有企业，地方企业是由地方政府监督管理的国有企业。可以把国有企业划分为中央企业和地方企业。其中，中央企业是中央委托国务院国资委进行直接管理的国有企业。

2. 中央企业的地位

中央企业的综合实力强、企业规模大，大多会在关系国民经济命脉和国家安全的关键领域与特殊行业发挥重要的作用，极大地影响着经济社会的发展。

（1）资源优势。

中央企业作为中国国有企业的主力军、"排头兵"，具有其独特的资源优势，主要表现在自然和社会资源、政治和司法保护资源、政府背景带来的潜在资源、垄断保护的资源、强大的社会发展基础、历史积淀、高端人才资源、银行等金融机构提供的资金来源和公众的支持和信任等方面。在改革开放的初期，中央企业在这些方面所占优势巨大，是其他类型企业无法比拟的。

（2）特殊使命。

在中国，国有企业特别是中央企业要肩负经济、社会甚至是政治职能。在经济社会发展过程中，国有企业发挥着如发展战略性产业、弥补市场缺陷等重要的作用，从而体现公有制经济的决定性力量。中央企业是社会财富的创造者，也是中国执政党的重要基础，不仅承担着提高效益和效率、发展社会主义经济的重要责任，而且承担着发展社会主义民主政治、先进文化、文明生态、和谐社会、实现我党执政目标的重要责任。中央企业具有产业组织和导向作用，也具有宏观调控的作用，支撑国家财政关乎国家安全与稳定。因此，中央企业有一份与其他企业不同的特殊使命和社会责任，这种使命感在很大程度上影响着国家形象、外交功能以及国家安全等方面。

中央企业的特殊作用主要体现在以下五个方面：一是维护社会稳定和经济发展；二是中国国民经济的中流砥柱；三是中国支柱产业的重要支撑；四是抗衡跨国公司的主力军；五是出口创汇的主要力量。

（二）中央企业履行社会责任的特殊性

中国国有企业特别是中央企业肩负着诸多的政治职能、经济职能和社会职能。国有经济发挥的主导作用、公有制经济在国民经济中的主体地位以及大企业在国际经济技术合作中发挥的"领头羊"作用都决定和要求了中央企业要积极履行社会责任。

第一，践行社会责任是中央企业的"天生使命"。中央企业具有全民所有的性质，必须对所有者负责，即对党、国家和人民负责。中央企业在履行国有资产保值增值的经济责任的基础之上，还要肩负对党和国家的政治责任，以及对于社会和人民的社会责任。

第二，履行社会责任是中央企业的政治责任。中央企业员工中中国共产党党员占较大比重，其中的基层党组织是党执政的阶级基础和群众基础的重要组成部分。发挥中央企业的作用对坚持和完善社会主义基本经济制度、巩固党的执政地位起着重要作用。

第三，中央企业肩负着经济责任。作为企业，中央企业也应当实现价值创造的最优化和最大化。同时作为中央企业，其经营效率直接影响到整体经济发展的质量，因此肩负着更多的经济责任，有责任和义务做自主创新的表率，推进全国经济可持续发展。

第四，中央企业社会责任有很大的影响力。中央企业的经济规模比一般国有企业大得多，都是大多处于关乎国民经济命脉和国家安全的关键领域和重要行业的国有大型和特大型企业，不仅对国内经济社会发展有着举足轻重的作用，而且在国际舞台上是一国形象的代表。中央企业积极主动践行社会责任，对整个社会都有着示范和引导的效果。

第五，践行社会责任是央企"走出去"的必然选择。随着经济全球化的深入，企业社会责任也呈现全球化的趋势。践行社会责任不再是单个企业的行为，而是全球产业链的共同行为。在"一带一路"等各种国际合作战略中，中央企业要想高层次、宽领域地参与国际竞争与合作，就必须践行社会责任，提升企业在国际上的责任竞争力。

五、中央企业发展战略与企业社会责任

21世纪，企业社会责任管理应化被动为主动，上升到战略高度。基于特殊地位和作用，中央企业更应当将企业社会责任内化到企业发展战略之中。

（一）中央企业发展战略与国家总体战略一致

国家代表人民行使监管权，因此，中央企业的发展战略应当服从和服务于社会和国家，与国家总体的发展战略一致。中央企业积极响应国家各项号召，在国务院国资委的指导思想下制订发展战略和行动方案，并且在生产经营过程中体现国家的社会责任要求。在强调科学发展观和社会和谐的大背景下，中央企业必须实现可持续发展战略。中央企业只有加强战略引领、深化责任融入，才能不断提高可持续发展能力。

（二）中央企业履行更多的社会责任

与一般企业社会责任不同，中央企业社会责任还包括政治责任。政治责任要求中央企业在抗击自然灾害、保障国家重大活动、维护市场稳定、落实国家政策等方面发挥关键作用。中央企业的生产经营面向整个社会，涉及的利益相关方颇多，而且在中央企业混合所有制改革、"互联网+"的时代背景下，中央企业在履行社会责任上更要尽职尽责。

中央企业将社会责任融入发展战略时，应从以下九个方面考虑发展规划，分别为投资者、消费者、劳动关系、纳税贡献、慈善公益、科技创新、环保节能、就业贡献与安全生产以及合法守规和响应政策。

1. 投资者

中央企业是国有企业和国有控股企业，其主要的投资者就是国家和人民。中央企业对投资者负责，主要就是对国家、对社会公众负责。中央企业履行对投资者的责任，首先要"精兵简政，以质取胜"，政企分开、简政放权，推进国有资本向关系国家安全和国民经济命脉的关键领域集中，推进产业布局向产业链高端、新兴产业发展。关键举措是推进中央企业的混合所有制改革、实现股权多元化，并在重组、混改、国有资本投资运营公司、处置"僵尸"企业等方面将取得实质性突破。

2014 年 7 月，国务院国资委发布了央企"四项改革"试点名单，包括中央企业国有资本改组、发展混合所有制、高级管理人和纪检组入驻央企等几个途径。第一类的重点企业为中粮集团有限公司和国家开发投资公司，第二类为中国医药集团、中国建筑材料集团有限公司，第三类入围企业为中国节能环保集团、中国建筑材料集团有限公司、新兴际华集团有限公司和中国医药集团，第四类企业包括诚通控股集团有限公司、中国国新控股有限公司、中粮集团有限公司和国投公司。除此之外，中国五矿集团公司、神华集团有限公司、中国武汉钢铁集团有限公司、中国宝山钢铁集团有限公司、中国保利集团公司等 7 家企业被确定为国有资本投资试点公司。国务院办公厅于 2016 年 7 月发布了《关于推动中央企业结构调整与重组的指导意见》，标志着中央企业改革将迎来实质性突破。

2. 消费者

提供优质的产品和服务是企业存在的依据和核心功能，也是企业履行对消费者责任的体现。国务院国资委发布的《中央企业"十二五"和谐发展战略实施纲要》中便提出对中央企业履行消费者社会责任的要求，"要维护消费者权益。模范遵守《中华人民共和国产品质量保护法》等法律、法规要求，建立完善的质量管理体系，加强质量管理，为消费者提供优质产品和服务。加强上下游供应链质量管理，有效防范产业链质量风险，确保产品质量。建立和完善客户满意度测评、客户投诉等制度，不断改进产品质量、提高服务水平。探索建立产品召回制度，即时主动召回有缺陷的产品"。

3. 劳动关系

中央企业不仅有经济责任，还有政治责任和社会责任。劳动关系是最能够体现经济责任、政治责任和社会责任三者的综合体。和谐稳定的劳动关系是构建社会主义和谐社会的重要内容。

近年来，随着生活水平的逐步提高，公众更加关注社会保障问题。在这种趋势的推动下，一批重要的社会保险法律、行政法规、部门规章和政策性文件纷纷出台，由此推动了中央企业建设和谐的劳保体系的进程。例如 2010 年 10 月全国人大发布的《中华人民共和国社会保险法》和 2012 年 6 月人保部、发改委、民政部、财政部、卫生部和社保基金联合发布的《社会保障"十二五"规划纲要》都出台了指导中央企业保护劳动关系的相关政策。

4. 纳税贡献

2021 年 1—7 月，国有企业应交税费 31028.9 亿元，同比增长 21.9%。其中，中央企业 21479.1 亿元，同比增长 18.6%；地方国有企业 9549.8 亿元，同比增长 29.9%。在全国企业纳税所得、税源规模和税额比重方面，中央企业都占相当重要的位置。纳税贡献体现了中央企业在全国企业中举足轻重的地位，这种主导性经济地位也决定了中央企业在社会责任实践方面的示范和表率作用。

5. 慈善公益

慈善不仅是中华民族的传统美德，以慈善为核心理念的慈善事业还是社会保障体系和中国特色社会主义事业的重要内容。发展慈善事业对于促进社会公平、缓解社会矛盾、增进社会和谐、促进社会主义精神文明建设具有重要作用。2009 年，国资委发布的《关于加强中央企业对外捐款管理有关事项的通知》进一步引导了中央企业积极参与社会公益事业，规范对外捐赠活动。中央企业应根据国资委的指导思想制定捐赠管理制度、明确捐赠权限和流程、严格捐赠审批程序，并且及时向国资委报备，这样做一方面有利于提升中央企业对外捐赠事项的规范性;另一方面更好地树立企业形象,进而提升中央企业支持和保障国家公益事业的能力。

6. 科技创新

科技的力量和自主创新能力是加快经济发展方式的转变、建设创新型国家、实现全面建成小康社会的目标最根本的依靠。中央企业主要分布在国防军工、石油石化、航空航天、电力电信、交通运输、重要资源开发等关系国计民生的重要行业和关键领域,是中国经济社会的顶梁柱;中央企业所在行业是最需要科技力量支撑的行业,中央企业也是一国创新能力和水平的代表,是引领和推动行业技术的主要力量,因此中央企业在提高自主创新能力、建设创新型国家过程中肩负着重要使命。

中央企业经济规模大,大多是行业的领头兵,科技基础雄厚、创新氛围浓厚,有能力在加快提升科技创新能力中发挥表率和引领作用。还有一部分中央企业拥有国家重点实验室、国家工程实验室、国家工程技术研究中心等国家级科研机构,拥有一大批科技创新人才,创新基础雄厚,是国家科技创新能力的代表。

中国经济、社会都处于转型时期,中央企业自身也面临着诸多转型改革,这也要求央企要通过创新包括技术创新和管理创新来实现转型升级,从而脱离西方工业化以牺牲环境为代价的老路,探索出可持续发展的道路。

7. 环保节能

保护环境、节能减排是人与自然和谐相处的关键,也已经成为各国实施可持续发展战略的主要途径。中央企业节能减排工作的好坏直接影响到全国节能减排工作的实施效率。而且,中央企业的特殊地位和作用决定了其在全国节能减排工作中具有示范和表率作用。作为中央企业,必然要响应国家政策,将环保节能融入企业发展战略中。中国海洋石油总公司开展"共建海洋生态文明""蔚蓝力量""志愿行"系列活动,组建了数百支志愿服务队,范围遍布全国大部分沿海省市,提倡通过清洁海滩、传播海洋环保知识、捐资助学等方式,呼吁全国民众对海洋环保问题重视起来。"蔚蓝力量"目前已名列中央企业十大志愿服务品牌。

8. 就业贡献与安全生产

"保民生、促就业"是全面建设小康社会、健全社会保障体系、加快经济发展方式转变的重要举措。就业状况关系国家的稳定,促进社会和谐稳定、保障和改善民生都离不开对于就业的促进。

中国现阶段劳动力市场"就业难"，总体就业情况不容乐观，摩擦性失业和结构性失业并存。中央企业肩负着提高劳动力素质、改善就业结构、增加工作岗位、传播就业信息、拓宽就业渠道的社会责任。比如，中央企业走进高校开展就业讲座，和高校积极配合，培养出更多社会所需的高素质人才。

安全生产、保障员工人身安全是企业对员工履责的体现，中央企业更应当做到这一点。安全生产与劳动保护是国家保障劳动者安全和健康多采取的措施，是推动国民经济和社会可持续发展的重要保障。安全生产主要涉及工业企业社会责任领域。

9. 合法守规和响应政策

市场经济是法制经济，合法守规是每个企业最基本的法律责任。中央企业是构建和谐社会的攻坚力量，应当成为市场中各企业守法合规的标杆。自国资委成立以来，出台了各项法律、法规，基本做到国企管理有法可依，总体上，中央企业在合法守规方面已经走上正轨。党的十八大以来，国家不断强调法治的重要性，中央企业在实现企业法治方面应当起到引领带头作用。无论是中央企业还是一般企业，保证企业发展规划合乎法律是最基本的要求。

就中央企业的性质来说，中央企业首先肩负的是政治责任，同时还有经济责任和社会责任。中央企业特殊的政治使命要求他要积极响应国际政策方针，将政策指导思想融入企业发展战略中。

参 考 文 献

[1] 郭沛源，曹瑄玮. 企业社会责任理论与实务[M]. 北京：中国经济出版社，2022.

[2] 杨菊兰. 中国企业社会责任行为与员工知行[M]. 北京：中国财政经济出版社，2022.

[3] 王晓光，肖红军. 企业社会责任管理蓝皮书：中国上市公司环境、社会和治理研究报告（2020）[M]. 北京：社会科学文献出版社，2020.

[4] 罗飞. 国有企业社会责任信息披露研究[M]. 中国财政经济出版社，2020.

[5] 叶陈云. 企业社会责任信息披露规制机理与路径研究—基于五大发展理念视角[M]. 北京：经济科学出版社，2021.

[6] 赵杨，张晓，等. 中央企业履行社会责任报告（2012）[M]. 北京：中国经济出版社，2012.

[7] 王再文，赵杨. 中央企业履行社会责任报告（2010）[M]，北京：中国经济出版社，2010.

[8] 陈常森，王荣军，等. 当代美国经济[M]. 北京：社会科学文献出版社，2011.

[9] 崔江水. 企业社会责任导论[M]. 石家庄：河北人民出版社，2007.

[10] 崔亚伟，梁启斌，等. 可持续发展—低碳之路[M]. 北京：冶金工业出版社，2012.

[11] 匡海波，买生，等. 企业社会责任[M]. 北京：清华大学出版社，2010.

[12] 邹东涛，王再文，等. 中国企业公民报告（2013）[M]. 北京：社会科学文献出版社，2013.

[13] 陈支武. 企业社会责任理论与实践[M]. 长沙：湖南大学出版社，2008.

[14] 彭华岗. 中国企业社会责任报告编写指南[M]. 北京：经济管理出版社，2011.

[15] 叶城刚. 企业伦理与社会责任[M]. 北京：中国人民大学出版社，2012.

[16] 利霞，刘守亮. 国际政治中的跨国公司与东道国政府关系论析[J]. 山

东社会科学，2009（9）：3.

[17] 陈志昂，陆伟. 企业社会责任二角模型[J]. 经济与管理，2003（11）：2.

[18] 肖红军，许英杰. 企业社会责任评价模式的反思与重构[J]. 经济管理，2014（7）：12.

[19] 陈迅，韩亚琴. 企业社会责任分级模型及其应用[J]. 中国工业经济，2005（9）：6.

[20] 陈维政，吴继红，等. 企业社会绩效评价的利益相关者模式[J]. 中国工业经济，2002（7）：7.

[21] 陈宏辉，贾生华. 企业社会责任观的演进与发展：基于综合性社会契约的理解[J]. 中国工业经济，2003（12）：4.

[22] 陈晖涛. 中小企业社会责任与社会和谐的相关性研究[J]. 哈尔滨商业大学学报：社会科学版，2009（1）：36.

[23] 陈雨生，乔娟，等. 质量投资模型下的安全食品生产实体决策行为分析[J]. 技术经济，2008（5）：75.

[24] 陈长宏，陈环，等. 论食品质量与食品安全性[J]. 现代农业科技，2010（12）：2.

[25] 陈健鹏，李佐军. 新世纪以来中国环境污染治理回顾与未来形势展望[J]. 环境与可持续发展，2013（2）：5.

[26] 陈翩. 涉及跨国公司的五大法律问题[J]. 国际法学，2002（1）：4.

[27] 崔新健. 跨国公司社会责任的概念框架[J]. 世界经济研究，2007（9）：12.

[28] 赵曙明. 企业社会责任的要素、模式与战略最新研究述评[J]. 外国经济与管理，2003（1）：8.

[29] 厉无畏，虞震. 企业社会责任：是机会还是限制[J]. 上海企业，2005（11）：3.

[30] 王竹泉. 利益相关者财务披露监管的分析框架与体制构造[J]. 会计研究，2006（9）：7.

[31] 王碧峰. 企业社会责任问题讨论综述[J]. 经济理论与经济管理，2006（12）：72.

[32] 鞠晓红. 大数据时代企业社会责任管理策略探究[J]. 内蒙古科技与经济，2021（22）：2.

[33] 徐耀强. 社会自治场景下的企业社会责任管理绩效优化[J]. 当代电力文化，2020（05）：3.

[34] 陆旸，王晶晶，等．战略性企业社会责任管理路径探析．现代经济信息，2019（24）：3．

[35] 徐耀强．企业社会责任管理的多维度观察[J]．当代电力文化，2019（11）：2．

[36] 于宗先．基于战略视角下的企业社会责任管理研究[J]．现代商贸工业，2018（32）：2．